인문도시 통영,

그 아름다움에 빠지다

인문도시 통영,

그 아름다움에 빠지다

도서출판 지식공감

제2장

통영 인문학으로 통하다

제3장

통영의 자연을 음미하다

제4장

통제영 400년 역사의 잠을 깨우다

PROLOGUE

인문학 열풍은 한마디로 '인문정신'에 대한 갈급이다. 현대사회는 물질적 풍요는 있으나 인간성 상실로 정서적 공감을 나눌 수가 없다. 언제부터인지 모르게 우리들 속에서 사람과 사람간의 관계를 소중히 여기는 공감의 시대를 살고픔이 간절해졌다. '사람다움이란 무엇인가'를 묻는 인문학에 대한 사회적 수요의 증가는 오늘날 '인문도시'가 사회적으로 인정받고 도시 실천의 현장 속으로 들어갈 수 있는 기본 배경이 되었다. 지금의 도시는 그 경계성이 모호해졌고 그 속에서 살아가는 사람들은 어수선함과 혼란함속에서 도시의 참모습을 점점 잊어가는 것은 아닌가 생각할 필요가 있다. 도시는 다만 건축물들이 모여 있는 물리적 공간을 뜻하는 것이 아니다. 그곳을 살아가는 사람들의 삶이 묻어나고 그들의 경험을 보태어 문화가 쌓여 만들어진 것이 도시이다. 도시의 목적이 '인간의 인간다운 삶'에 있고 그런 도시, 인간다운 삶을 펼칠 수 있게 해주는 도시가 '인문도시'이다. 그 속에서 우리들이 살아야 하는 가치와 영유해야 할 행복, 인간이 느껴야 할 삶의 의미들을 찾아낼 수 있어야 진정한 '인문도시'가 되는 것이다.

인문도시 통영.

삼도수군통제영의 찬란한 역사와 전통을 간직한 통영은 빼어난 풍광만으로도 한국에서 손꼽히는 도시다. 가장 큰 매력은 역사와 그 역사 속에 담긴 고유의 인문정신이다. 도시는 사유할 수 없는 단지 가시적인 물체임에도, 통영이라는 도시는 사람으로 하여금 사유케 하는 매혹의 도시다. 그래서인지 이 도시는 늘 과거를 회상하게 하여 살아있는 현재의 사람과 이미 세상을 떠난 과거의 사람들을 만나게 한다. 그 회상의 행위 속에서 모종의 상징을 만들어 내고 모종의 잠재의식을 불러일으켜 준다.

감사합니다. 교수님.
이유는… 통영에 대학교가 하나이고, 대학교 주위엔 전혀 대학로라고는 찾아볼 수 없습니다. 그래서 자연스레 학교 친구들은 통영이 후진 곳이라고 생각합니다. 그러던 중 수업시간에 교수님께서 통영의 예술에 대하여 이것저것 좋은 점을 잘 소개해 주셔서 친구들이 통영에 대해 생각을 고치기 시작하였습니다.
참, 제가 다 뿌듯했습니다. 강의도 강의지만 이런 점에서 특히 감사드립니다. 그리고 승전무 24년 인생 중 첫 무대 공연인 만큼 잊지 못할 것입니다.

2014. 12. 8. 최유연 올림.

통영캠퍼스 교양수업 기말고사 답안지 아래에 써놓은 이 글은 필자에겐 예민하게 다가온 작은 울림이었고 현실을 깨우쳐주었다. 사실 통영의 학생들은 80에서 90프로가 타 지역에서 학업을 위해 와서 4년이라는 기간을 마치면 다시 통영을 떠난다. 통제영의 유구한 역사, 그리고 한국을 대표하는 수많은 예술인들을 배출한 고장인 통영. 이 도시 곳곳의 문화적 전통과 흔적을 잘 모르고 떠남이 안타까웠다. 여기 학생들도 높은 학점과 취업에만 몰두, 전공과 다른 세계에 대한 관심을 갖기엔 역시 무리가 있다. 그래도 필자의 책무는 학생들에게 아름다운 도시 통영을 알리는 일이라 여겨 통영에 관련한 교양수업을 개설하였다.

잔잔한 바다의 땅 통영, 이순신 장군이 세계해전 역사상 빛나는 승전을 이룩한 곳이다. "은하수를 가져와 피 묻은 병기를 닦는다"는 통제영 건물 세병관과 일제가 물자 운반을 위해 만든 해저터널 등 역사 유적들이 즐비하다. 케이블카를 타고 미륵산 정상에 서면 한려수도의 빼어난 풍광이 그림같이 펼쳐진다. 시인 유치환과 김춘수의 고향이며, 소설가 박경리는 작품 속에 고향의 정취를 녹여내었다. 시인 백석은 통영을 "자다가도 일어나 바다로 가고 싶은 곳"이라 읊었다. 이와 같은 문인들뿐 아니라, 한국이 낳은 세계적인 작곡가 윤이상이 평생을 그리워한 곳이 바로 통영이다. 이 도시의 아름다움은 예술가에게 글을 쓰고, 그림을 그리고, 음악을 짓게 했다. 박경리, 유치환, 전혁림, 이중섭, 윤이상 등은 불운한 격동의 시대 척박했던 삶을 예술로 승화시켜 불꽃처럼 살다간 예술가들이다. 이 도시는 수많은 예술가의 상상력을 위해 풍부한 감성과 견실한 역사, 현실적 배경을 제공하였다. 그들에게 각인된 고향의 이 풍경들은 훗날 작품에서 의미가 충만한 정신적 고지로 변모했던 것이다. 통영을 여행하면 그들을 곁에 두고 나란히 함께 그 길을 걸을 수 있다.

한국연구재단의 인문도시사업 계획서를 작성할 때도, 심사를 받으러 갔을 때도 필자는 가슴 떨리게 행복했었다. 한국에서 처음으로 수원시와 통영시가 인문도시로 선정되었을 때는 말할 수 없는 자긍심과 보람도 있었다. 통영에서 9년을 살아도 아직 이방인인 필자의 모습이 가끔은 씁쓸하기는 해도 말이다. 올해 통영국제음악제 기간에도 통영의 바다만큼 아름답고 새로운 음악이 통영국제음악당을 비롯한 통영 전역에 울려 퍼졌다.

필자는 전문적인 지역문화사를 목적으로 이 글을 쓰지 않았다. 그러나 내가 살고 있는 도시인 통영을 사랑하는 사람으로서 과연 통영이라는 도시가 어떠한 인문적 가치를 지니고 있는가를 생각해봄으로써 진정한 인문도시가 되기 위한 길을 모색해 보고자 하였다. 진정한 인문도시는 인간의 심성을 자극하여 더욱 인간적인 삶이 가능한, 그래서 도시사람들의 행복지수가 높은 도시이다. 인간과 그 삶의 가치 회복을 도모하는 '인문공동체'가 같이 호흡할 때 인문도시는 더욱 발전하리라 생각한다.

글을 마치며, 좌절하는 순간에도 어렵고 힘든 길을 헤쳐나갈 수 있는 지혜를 주었던 가족들에게 고마움을 전한다. 그리고 부족한 필자에게 언제나 따뜻한 눈길을 보내주셨던 많은 분들에게도 고개 숙여 감사드린다. 특히 통영만의 정신과 혼이 녹아.내린 전통예술을 지키며 살아온 한정자, 정영만 예능보유자 선생님들께도 감사드린다. 또 그동안 필자의 강의를 열심히 경청했던 학생들에게도 고맙다는 말을 하고 싶다. 오늘 유난히 아버지의 모습이 떠오른다.

2015년 4월 17일

정은영

제 1 장

인문학과 인문도시

1 인문학(Humanities)이란?

지금, 우리 시대의 가장 뜨거운 키워드는 '인문학'일 것이다. 한결같이 인문학의 중요성을 말하고 있다. 비록 진리탐구의 장소 대학에서는 철학과가 외면받고 있으나 대학 밖에서의 인문학은 대호황으로 각종 인문학 특강은 넘쳐나고 있다. 혁신의 아이콘이었던 고(故) 스티브 잡스(Steve Jobs)는 "소크라테스와 한 끼 식사를 할 수 있다면 애플의 모든 기술을 내놓을 수 있다"고 말하였다. 빌 게이츠(William H. Gates)는 "나를 만든 것은 어린 시절 동네의 공공도서관에서 읽은 고전들이다"라고 하였다. 세계적 인터넷 검색 업체인 구글(Google)은 아예 인문학 전공자만을 우대하는 이례적인 채용절차를 발표하기도 하였다. 메이어 부사장은 "사용자 환경(UI)을 개발하는 데는 기술 못지않게 사람을 관찰하고 이해하는 것이 필수적이라, 인류학자나 심리학자의 성과가 높다"며 인문학 전공자의 채용 이유를 밝혔다. 최근 우리나라의 대표적인 기업, 삼성은 그동안 이공계 전공자 위주로 채용하던 SW 직군에 인문학적 소양을 갖춘 융복합형 SW 인재를 양성하기 위해 창의적 혁신과 도전 의지로 충만한 인문학도들을 대상으로 선채용, 후교육 프로그램을 시작하였다. SAMSUNG Convergence SW Academy(SCSA)가 바로 그것인데, SCSA의 궁극적인 목표는 창의적 문제해결력을 갖춘 융복합형 인재 양성이다. 세상을 혁신적으로 바꿀 창의적 통섭형 인재로의 변신을 유도하고자 하는 것이다.

신세계 정용진 부회장도 얼마 전 'SSG 지식향연'이라는 이름으로 대학생을 대상으로 인문학 강연에 나섰다. 강연에서 "이번에 대학생을 대상으로 인문학 전파에 나선 것은 신세계그룹의 경영이념 중심에 '사람'이 있기 때문이라고 강조했다. "인문, 예술, 패션을 통해 고객의 행복한 라이프 스타일을 디자인한다"는 경영이념에서 인문학에 대한 관심이 시작됐다는 것이다. 그러면서 "인문학은 어떤 환경에서든 인생의 방향을 잡아주는 지표"라며 인문학의 중요성에 대해 언급했다. 그는 청년들에게 기업에 입사하기 위해 학점이나 외국어 등 점수를 쌓을 것이 아니라, 인문학적 소양을 길러야 한다고 조언했다. 정 부회장은 "그동안 우리 기업들이 스펙만 좋은 사람들을 뽑다 보니 창의성 보다 획일화된 기업 문화가 확산되는 한계에 부딪힌 것이 사실"이라 지적하기도 하였다. 같은 맥락에서 정 부회장은 대학생들에게 '줄거리만 보지 말고 캐릭터 위주로 고전을 많이 정독할 것', '빨리 속도를 내다보면 꽃같이 귀하고 아름다운 것을 놓치기 십상이니 주변을 살필 것', '사안을 깊이 들여다볼 것'을 당부했다. 그는 '들여다보기'의 한 사례로 장석주 시인의 '대추 한 알'이라는 시를 소개하며 "대추가 몇 개가 있는 게 중요한 것이 아니라 그 안의 고뇌와 외로움을 찾고, 결과만이 아니라 과정을 읽는 게 더 중요하다"고 하였다.

대추 한 알

저게 저절로 붉어질 리는 없다.
저 안에 태풍 몇 개,
저 안에 천둥 몇 개,
저 안에 번개 몇 개가 들어서서
붉게 익히는 것일 게다.

저게 저 혼자 둥글어질 리는 없다.
저 안에 무서리 내린 몇 밤,
저 안에 땡볕 한 달,
저 안에 초승달 몇 날이 들어서서
둥글게 만드는 것일 게다.

대추나무야, 너는 세상과 통하였구나!

– 장석주의 《달과 물안개》 중에서 대추 한 알

여기서 시인은 대추 한 알이 익는데도 태풍, 벼락, 천둥, 무서리 땡볕과 같은 시련이 있다고 말한다. 고난이 없었다면 대추가 붉어지지도 둥글게 영글지도 않았다고 말이다. 젊은이들에게 자기 자신에 대해 절망하지 말고 고난을 희망으로 받아들여 보자는 메시지가 담겨 있다. 정 부회장은 "왜 사는가, 무엇이 내 소명인가를 살피는 것이 인문학적 성찰이라며 사람 마음을 읽으려는 관심과 이해가 인문학의 출발"이라고 말했다. 그는 융숭하게 대접하는 '잔치'란 뜻의 '향연(饗宴)'이라는 말처럼 청년들에게 인문학으로 융숭하게 대접하였고 그 강연을 통해 정용진이란 이름을 타 부호들과 확연히 차별화시켰다. 결국, 모든 국내외 기업들은 자신의 전공을 바탕으로 어떤 전공이든지 세상을 통섭적으로 생각하고 미래를 그려갈 수 있는 지혜의 소유자를 원하는 것이다.

필자는 대부분의 학생을 교양수업을 통해 만나게 된다. 그때마다 첫 수업을 열며 지금 이 강의는 "인문학 강의다"라고 한다. 대학에서 인문학은 보통 교양 차원에서 졸업을 이수하기 위해 공부를 한다고 이해하고 있지만 "모든 인문학은 삶을 견디는 기술이며, 인격을 수련하기 위한 과정"이라고 강하게 힘주어 말한다. "교수님? 그럼 인문학(人文學)은 무엇입니까?" 바로 듣는 질문이다. 정작 학생들은 '인문학'이라는 것이 도대체 어떤 학문인지 잘 모르고 있거나 관심이 없었던 것이다.

결론부터 말하자면 '인문학'이라는 단어에는 사람 인(人)이 사용되어 있다. 단어에서도 알 수 있듯이 인간에 대한 학문이다. 곧 "인문학은 '인간적인 것'을 규범적으로 반성하고 연구하는 학문이며, 인문학은 '사람다움'이란 무엇인가를 묻는 학문이다"라고 이야기한다.[1] 인문학의 개념은 라틴어의

'후마니타스(Humanitas)'라는 말에서 유래되었다. 후마니타스는 문자 그대로 해석하면 '인간다움'이라는 뜻이며, 기원전 55년에 키케로가 마련한 웅변가 양성 과정에서 처음 사용되었다. 중세 초기 성직자들은 후마니타스를 그리스도교의 기본 교육과정으로 채택하여 교양과목이라 부르기도 하였다. 후에 15세기 이탈리아의 인문주의자들은 세속적인 문예·학술 활동을 가리켜 '스투디아 후마니타티스(Studia Humanitatis)'라고 하였다.[2] 인문학은 인간과 인간의 문화에 갖는 학문 분야로 정치 경제 역사 학예 등 인간과 인류 문화에 관한 정신과학을 통틀어 이르는 말이다. 또한 인문학은 인간의 가치와 인간만이 지닌 자기표현 능력을 바르게 이해하기 위한 학문 분야이다. 인문학에는 광범위한 학문영역이 포함되는데, 대개는 언어(language), 언어학(linguistics), 문학, 역사, 법률, 철학, 고고학, 예술사, 비평, 예술의 이론과 실천, 그리고 인간을 내용으로 하는 학문이 이에 포함된다.

문학·철학·역사와 예술·종교·인류학 등은 누구나 잠재적으로 가지고 있는 도덕적 드라마, 미학적 감동, 종교적 경험, 철학적 반성과 같은 인간의 정서적 활동 등의 인문학적 표현이며 산물이다. 때문에 인문학은 도덕적, 미학적 감수성을 길러주고 정신세계에 대한 시야를 넓혀주며, 논리적 사유능력을 길러준다. 또한 세계와 인간에 관한 모든 문제를 반성적으로 보게 한다. 전통적으로 인문학을 대표하는 '문학'은 작가의 관점에서 보면 개인적 차원이나 사회적 맥락 안에서 늘 부딪히게 되는 도덕적 갈등, 아름다움과 진실에 대한 갈망, 혼란스러운 경험세계에 질서를 부여하며 삶의 의미를 찾고자 하는 욕망의 상상적 표현이다. '역사'는 인간이 거쳐 온 혼돈스러운 경험들에 대한 기억을 정리하고 체계화하여 우리로 하여금 한 집단 혹은 한 생물학적 종(種)으로서의 인간됨을 일깨워준다. '철학'은 인간과 자연과 사회와 우주에 대한 끊임없는 질문이고 사색이다. 인간은 육체를 지닌 감성적 존재로 역사라는 삶의 흔적을 남기지만, 다른 한편으로는 사색의 결과물을 후손들에게 남겨준다. 또한 인간의 모든 경험과 사유, 신념들과 아울러 상상해낼 수 있는 세밀한 관찰, 비판적 반성과 철저한 논리분석, 정연한 체계화를 도모한다. 이것이 철학이다. 따라서 철학은 인간 이해의 가장 중요한 바탕이 된다.

'종교'는 작게는 도덕적인 삶을 살도록 사람의 마음을 바로잡아 주고, 나아가서는 정신 수양을 하게하며, 진리를 깨닫게 한다. 정상적인 종교라면 대부분 선행과 봉사와 사랑을 강조한다. 소외 계층을 돌아보아 사회의 어두운 곳에 빛을 주고자 한다. '예술'은 단순한 심미적인 활동을 하는 것에서 벗어나 삶의 내면을 들여다보고 삶의 철학을 배우는 과정이며 그것들을 서로 주고받는 과정이 예술의 핵심이다. 자신 안의 상처나 흉터를 있는 그대로 들여다보고 따뜻하게 감쌀 때 일어나는 치유의 힘, 예술적 표현 과정을 통해 가질 수 있는 행복 또는 충만감, 소중하게 다가오는 자신에 대한 깊은 존재감, 그렇게 내면이 깊어지면서 다른 존재에 대해서도 서로가 서로를 비추는 소중한 존재임을 알게 된다. 좀 더 거창하게 말하자면 예술은 세계 각국 국민들의 상상력과 창조력을 충분히 발휘시키고, 인류 사회의 지속가능한 발전을 도모하며, 인류의 상호 소통과 이해, 단결과 합작을 추구한다는 가치가 있다. '인류학'은 인간 역사의 전시대와 전 세계에 걸친 인간에 관한 일체의 현상들을 대상으로 연구하는 학문이다. 그리고 인간의 사회문화현상 중에서도 특히 기록역사 이전의 선사시대와 원시시대 및 고대의 사회문화현상을 인간생활의 유물과 유적을 통하여 재구성하고 해석 또는 설명하는 인류학 분야의 학문이 고고학(考古學)이다. 인류학은 또 인간의 모든 측면과 현상들에 대한 다양성을 전제로 연구한다. 예술을 다루더라도 예술의 역사적 기반을 이해하고 철학을 하더라도 그 역사적 변화와 현재의 시사점을 찾아내야 한다. 그러기에 모든 인문학은 역사를 기반으로 삼아야 한다.

사실 인문학은 형이상학적이거나 지나치게 어렵거나 멀리 있는 존재일 필요가 없다. 그저 내 가까이 삶 속에서 인문학적 가치를 찾아낼 수 있다. 그래서 인문학은 결코 어려운 것이 아니고 어려울 필요도 없다. 삶 속에서 즐기고 느끼고 나의 삶에서 어떤 가치를 읽을 수 있는지를 생각해 보는 것이 중요하다. 인문학의 가장 큰 장점은 무엇이 자기에게 가치 있는 일인가, 자신을 성찰하는 것이라고 할 수 있다. 생각하는 힘을 얻게 되어 자기가 자기 인생의 주인이 될 수 있게 만들어주는 것이 인문학의 장점이다. 그렇다면 인간을 가장 인간답게 살 수 있도록 하는데 가장 밑바탕이 되는 기초학문 인문학이 언제부터 그렇게 소외학문이 되었을까? 가장 큰 원인은 근대 산업 자본주의가 발전하면서 생산성을 갖춘 인간, 실용적 인간을 추구하면서부터다. 인간성이나 삶의 질을 실현하기보다는 물질적 생산을 중시하는 경제 개발 논리에 부응해 철학이나 역사와 같은 기초 인문학보다는 경제, 과학, 기술과 같은 실용주의 학문을 중시하게 된 연유이다. 사회적으로 생산적 가치가 있는 학문이 사회 발전과 개인의 성공 수단으로 인식되면서 인문학을 외면하고 실용주의 학문을 선호할 수밖에 없게 되었다. 그러다 보니 현대의 위기를 인간성 상실의 시대로 표현한다. 물질만능주의 시대, 돈이 부족한 게 아니라 인간성이 부족한 것이다. 인간성의 상실은 한마디로 교육의 실패이다. 그리고 그 교육의 실패는 가정의 실패가 아니라 그 사회시스템, 제도의 실패이다.

실패한 학교 교육, 이 삭막한 사회에서 암기식 입시교육으로 얼룩져있다. 교육계에서 가장 큰 문제 중에 하나가 책 읽는 것과 공부하는 것을 따로 생각하는 것이다. 어릴 때부터 책 읽는 즐거움을 느끼게 하고 그것을 통해서 우리 사회가 전체적으로 지적인 능력이 향상되는 것이 필요한데 우리 교육의 현실은 그에 비해 너무 부족하다. 초·중·고 교육에서 책을 읽고 그를 통해 지혜를 얻게 되고 사회에서 인간에 대한 이해를 얻게 되는 형태의 교육이 이루어 져야한다. 대학에서는 전공 필수나 교양이수 학점으로 특정한 과목을 들으라고 할 것이 아니라 부족한 글을 읽고 생각하고 쓰는 교육이 절실하다.

지난 2014년은 고통, 슬픔, 충격의 연속이었다. 그것은 지금도 진행 중이다. 세월호와 함께 차가운 바다에서 죽어간 어린 학생들의 절규가 아직도 맴도는 듯하다. 군대에 자식 보낸 부모들은 끔찍한 병영 참사를 떠올리며 불안한 나날을 보내고 있다. 땅콩 한 봉지 때문에 비행기에서 쫓겨난 승무원, 아파트 주민의 폭언에 자살한 경비원, 고공농성에 나선 비정규직과 해고 노동자 등 이 시대 '을'과 '미생'의 모습들은 참담하기만 하다. 그뿐인가 어린 학생들의 자살률은 이미 세계 1위, 학교폭력, 잔인무도한 범죄들이 넘쳐나 우리 사회는 지금 중병을 앓고 있다. 정치·경제·사회 등 각 분야에서 구조적 문제와 모순들이 터지고 있다. 모두가 고통을 분담하지 않으면 해결할 수 없는 난제이다.

필자는 살아가면서 정치인들에게 매료된 적이 없었다. 아마 대다수의 국민들도 마찬가지일 것이다. 우연히 2014년 10월 EBS 초대석에서 어느 정치인이 "교육은 학생을 대상으로 감동을 주는 것이고, 정치는 국민을 대상으로 감동을 주는 것입니다"라고 하는 것이었다. 어찌 정치인이 '감동'이라는 단어를 저리 멋지게 사용할 수 있을까. 그가 필자가 살고 있는 인문도시 통영 지역구 국회의원이라는 사실 또한 감동이었다. 예술은 언제나 모든 인간을 '감동'시키는 것이다. 예술을 전공한 필자는 '감동'이라는 단어를 정말 좋아한다. 삶 자체를 감동스럽게 살고픈 소망이 있기 때문이다. 예술만큼 인간의 심성에 자극을 주어 진한 감동과 카타르시스를 자아내는 것도 없을 것이다. 감성을 자극하는 섬세한 발상이나 기존 사고의 틀을 타파하는 창의적 접근은 이제 예술가뿐만 아니라 기업의 성공에도 큰 역할을 하고 있다. 정치인들도 자신들의 행보에 많은 예술인과의 접촉을 시도한다. 그것은 정서와 감성이 중요한 시대가 왔기 때문이다. 문화·예술이 법보다도 국민을 통합하고 화합을 이루는데 구심점이 되며 국민의 공감을 이끌어낼 수 있는 중요한 가치이기 때문이다.

이군현 의원은 "가까운 곳을 가려면 혼자 가도 된다. 하지만 멀리 가려면 함께 가라"는 마사이족의 속담을 말했다. 이 속담은 아프리카에서는 멀리 가려면 사막도 지나고 정글 속의 짐승도 피해야 하는데 혼자서는 절대 불가능하기 때문에 나온 말이다. 그는 우리사회현상은 인성과 많이 관계가 있다고 하였다. "인생이라는 것이 긴 여정인데 긴 여정을 가려면, 함께 가야 한다. 또 교육의 가장 중요한 가치는 사실 함께 더불어 사는 가치다"라고 밝혔다. 아울러 인성교육의 핵심은 "남을 배려하는 것, 감사하는 것, 책임지는 것, 더불어 함께 사는 것"이라고도 하였다. 그렇지만 실제 우리사회 교육현장은 그렇지 못하고 있음을 안타까워했다. 영혼도 보살피면서 살아야 한다는 인문학적 소명의식과 인문학이 사고력, 판단력, 창의력을 기르는 데 도움이 되며 궁극적으로 국격을 높이는 지름길이라는 그의 주장은 필자를 감동시키기에 충분하였다. 무엇보다 이런 문제를 국회의원부터 실천해서 솔선수범해보고자 '국회인성교육실천포럼' 만들어 공동대표로서 다양한 인성 교육 활동을 펼치고 있는 그의 행보를 통해 정치인이기 전에 교육자로서의 깊은 신념과 철학을 읽어낼 수 있었다. 분명한 것은 그러한 행보가 정치적 쟁점이 아니라는 사실이다. 정직과 신뢰, 배려는 모두 인성이며 인성이 잘 되어야 교육도 국가경쟁력도 진정 높아진다는 그의 주장에 찬사를 보내고 싶다. 우리 사회의 올바른 인성 교육 진흥이라는 국가 전체의 숙제를 어떻게 풀어갈지 모르겠으나 국회에서 인성교육진흥법안이 통과되었다. 인성교육을 의무로 규정한 세계최초의 법, '인성교육진흥법'[3]이 국회법안을 통과한 것은 대단히 고무적인 일이다.

이제 학계와 학교 현장의 변화가 필요하다. 과학과 실용주의 학문만을 중시하는 교육 풍토를 극복하고 인문학 교육이 정상화될 수 있는 정책적 뒷받침이 마련되어야 한다. 시류에 편승해 실용 학문 육성에 힘쓰는 것에서 벗어나 학계와 각급 학교에서 충실한 인문학 교육에 힘써야 한다. 학교현장에서 창의·인성교육에 대한 실제적인 방안이 마련되어 우리의 청소년들을 올바른 인성과 사회성을 가진 글로벌인재로 육성하는 데 기여해주길 바란다. 정부에서도 인문학의 중요성을 인식하고 기초 학문에 대한 지원을 아끼지 말아야 한다. 우리 사회가 보다 성숙된 사회로 발전해 나가기 위해서는 기초 학문인 인문학을 통해 갖추고 인문학의 중요성을 인식해 지혜를 배워야 할 것이다. 전체 시스템이 변하지 않는 한 우리의 인간성 회복은 요원한 일이며, 경제나 정치의 진보나 발전도 기대할 수 없다. 그러나 변화는 하루아침에 일어날 수 있는 일이 아니라. 시스템의 문제이며, 엄청난 저항과 산고의 진통이 있어야 가능하다. 이를 위해 각양 각층의 모든 사람들이 진정한 인문학이 확산될 수 있도록 도와주고 이를 위해 노력하는 것이 우리 기성세대들의 시대적 소임이다. 인문학은 우리 사회의 뿌리라고 할 만큼 본질적인 가치를 지닌다. 그동안은 인문학조차 스스로가 지니고 있던 경제적 가치에 대해 알지 못했다. 그러나 외국의 유명하다는 대학일수록 인문학이 강하다. 실용성만을 추구하는 듯 보이는 기업 역시 인문학의 도움을 알게 모르게 받고 있으며, 앞으로 그 역할은 점차 커질 것이다.

2 인문도시(Human City)란 무엇인가?

도시는 '살되 더 사람답게 살고자'하는 인간적인 가치 추구와 밀접하게 연관되어 있으면서 역사성을 지닌다는 의미에서 무엇보다 인문학적 접근이 절실하게 요청된다.[4] 도시의 핵심은 도시 구성원인 개인과 공동체이며, 그들의 사고방식과 역량에 따라 도시의 현재와 미래가 결정된다는 것에는 이의가 없을 것이다. 문화도시에 문화적인 사람이, 창조도시에 창조적인 사람이, 환경도시에 생태환경을 중요시하는 사람이 없다면, 그 도시는 아무리 물리적 환경을 갖춘다 한들 나름의 정체성을 가질 수 없다. 최근 도시 재구성에 대한 새로운 개념들이 등장하고 있다. 무엇보다도 기존의 하드웨어적이고 건설적인 도시 재구성 개념에서 벗어나 문화 예술적인 개념, 나아가 인문적인 개념으로 도시를 바꾸자는 움직임이 가시화되고 있다. 특히 주목할 만한 것이 '인문도시'라는 개념인데 지역의 몇몇 지자체에서도 '인문도시'를 표방하려는 시도가 있다.

'인문도시'라는 개념은 미래 도시의 지향성을 제시하는 측면에서 볼 때 추상적일 수도 있지만 '인문적'이고 '인문학적'이며 '인간적인 도시'를 의미한다. 이러한 논리를 참고하면 인문도시란 '인간다운 인간을 만들어내는 도시'이며 동시에 '인간다운 인간이 만드는 도시'라 할 수 있다. 어느 학자는 인문도시를 "시민들이 마음 편히 쉬고 살아갈 수 있는 공간, 조금은 불편해도 사람 사는 냄새나는 공간, 인간의 심성을 자극하여 더욱 인간적인 삶이 가능한, 그래서 도시민의 행복지수가 높은 도시"로 규정하고 있다.[5] '인문도시'는 일상생활에서의 인문 교육 및 체험을 통하여 지식기반 사회와 창의성에 기반을 둔 인적 사회 구축을 지향하는 개념으로 정리할 수 있을 것이다. 즉 시설 투자와 새로운 도시 계획을 기반으로 하는 도시 개조 방식이 아닌 해당 도시가 보유하고 있는 문화, 예술, 역사, 그리고 문학 등 인문적인 기반을 새롭게 재구성하고 개념화하는 작업을 의미한다. 이런 개념은 인문적 스토리텔링이라는 말로도 대신할 수 있는데, 그것은 인문적 상상력의 발휘가 가능하도록 하는 소프트웨어적인 도시 혁신 개념을 도입하자는 것이다.[6]

2007년부터 시작된 한국연구재단의 '시민인문강좌지원' 사업은 대학교육의 위기 상황에서 인문학의 현실 적합성과 유용성을 가시화하는 기회를 제공하며 융합학문에 대한 긍정적 분위기를 조성하고 있다. 여기에 문화융성 4대 국정기조의 하나로 제시한 현 정부는 8대 정책 중 가장 먼저 인문정신문화의 중요성을 강조하고 있다. 2012년부터 '시민인문강좌지원' 사업의 대형과제 부문으로 '인문도시' 선정이 있었는데, 첫 인문도시로 수원시와 통영시가 선정되었다. 인문도시사업에서 지칭하는 '인문도시'란 인문체험·인문강좌·인문행사 등을 통해 문학·역사·철학·종교·예술 등 인문학의 저변을 확대함으로써 현실의 문제를 극복하고 '인간과 그 삶의 가치' 회복을 도모하는 '인문공동체'를 의미한다. 축약하면 인문학 교육이 활발한 도시를 의미한다고 볼 수 있다.[7] 인문도시사업의 궁극적인 목표는 인문학을 기반으로 인간다움을 회복하고, 인간다운 삶을 구현하는 것이다. 이와 함께 실현과정에서 지역 및 국가 정체성 확립, 사회통합, 건전한 시민정신 배양, 전통문화의 계승·발전, 경제적 이익 창출 등을 목표로 한다. 결과적으로 인문학적 사회화로 인간다운 삶과 그 터전의 재구성인 것이다. 그 핵심적인 요소 중 '인문강좌'는 시민들에게 물질적 성장과 발전의 틀 속에 매몰된 '인간다움', '인간다운 삶'을 성찰하고 재인식하게 하는 것이다. 또한 전문가 집단이 강단 인문학과 지식의 경계를 넘어 세상과 소통할 수 있게 하는 장을 마련하는 것이다. 그래서 인문강좌는 인문체험, 인문축제와 연계하여 실시한다. '인문체험'은 시공간을 달리하는 과거의 일들과 고전, 예술작품 등을 통해 삶을 더욱 풍성하게 한다. 더불어 타인의 진취적인 삶을 체험함으로써 삶의 다양한 가치와 의미를 재인식하고 상호존중과 배려의 시민정신을 함양해 준다. '인문체험'은 급변하는 현실에서 잃어버린 나를 찾아가는 길이며, 과거와의 대화를 통해 '우리'라는 정체성을 확립하는 길이다. 이것은 우리의 역사를 새롭게 발굴해 내고 전통문화를 계승, 발전시키는 여정이기도 하다. '인문축제'는 소통 부재와 인간성 상실로 야기된 다양한 사회 문제를 축제의 장 속에서 만남, 공감, 나눔을 통해 해소해준다. 축제 및 이와 연계한 인문행사를 통해 공동체의 건강과 행복을 증진시키고 함께 즐기는 건전한 여가문화를 확립시켜준다. 이렇듯 '인문도시'에서는 주민과 학생들을 위한 인문 교육 및 체험을 위해 기존 행사와 시설을 활용함으로써 지자체와 주민 간의 거리감을 없애고, 행정 당국이나 주민들 모두 다양한 정보와 아이디어를 수집할 수 있다.

물질적 성장 및 발전의 패러다임 속에 야기된 현실의 다양한 문제는 '인간다움'의 상실이 근본적인 원인이다. 이 같은 현실문제는 구호나 선전, 미시적이고 단기적인 방법으로 해결되기는 어렵다. 그러나 공동체 구성원 각자가 삶의 근본적인 문제를 스스로 되돌아보고 이를 개선하기 위한 적극적인 의지를 갖추게 된다면 우리의 삶은 보다 풍요로워질 것이다. '인문도시'는 이를 위한 사회운동이다. 장기적으로 '인문도시'가 전국으로 확산되고 상호 긴밀히 연계되어 우리의 삶 속에 확립되는 과정에서 '인문도시'는 더 이상 의식적인 사회운동이 아니라 우리의 일상이 되어야 한다. 이런 문화운동에 따른 인문학적 도시 성찰은 도시정책의 중요한 패러다임으로 등장하고 있다. 국내 다수의 도시들이 휴머니즘과 도시정책을 결합하는 시도를 하고 있다. "꽃보다 아름다운 도시, 고양", "휴먼서울, 사람이 중심이다", "사람중심도시 부산", "인간미 넘치는 인문학 중심도시 수원" 등 여러 도시에서는 인문학을 도시 발전방향으로 제시하고 있다. 이러한 정치적 슬로건을 정책으로 구체화하고 인문도시를 내세우는 지자체는 도시에 인문적 발상 도입을 통한 도시 공간의 재창조다. 새로운 도시개발계획과 시설 투자를 통한 기존 도시 개조 방식 지양 해당 도시가 보유하고 있는 인문학적인 기반을 재구성하고 개념화, 인문적 스토리텔링을 통한 도시 혁신, 친환경적, 사람 중심의 도시 공간 창조를 지향하는 것이다. 여기에서 우리는 '인문도시' 실현을 위한 무한한 가능성과 희망을 볼 수 있다. 전시성 행사가 아니라 제대로 준비된 진정성 있는 프로그램으로 시민들과 소통한다면 생명공동체, 복지공동체, 문화공동체로서의 '인문도시', 더 나아가 '인문한국'의 터전을 만들 수 있을 것이다.

3 세계의 인문도시

우리는 지금 '문화가 지역을 만드는 시대'에 살고 있다. 그러한 지역문화의 지향은 곧 세계화로 연결된다. 왜냐하면 세계화란 단순히 나라와 나라에 머물지 않고 지역과 지역, 기업과 기업, 사람과 사람의 교류는 곧 세계화적 교류가 높아진다는 것을 의미하기 때문이다. 세계적이며 국제적인 인문도시의 형성을 위해서는 시민의식의 고양이 불가결하고 개성 있고 창조적인 지역문화 활동의 활성화가 필수적이다. 자연환경, 예술, 전통문화의 계승, 의식주 분야에서 지역문화의 창조를 위해 다채로운 활동이 펼쳐지고 가히 문화가 지역을 만드는 시대를 맞이해야 한다. 세계적·국제적 인문도시는 다음과 같은 질문에 적극적으로 답을 할 수 있어야 한다. 첫째, 오랜 전통과 독특하고 매력 있는 문화가 넘쳐흐르고 있는가? 둘째, 따뜻한 휴머니즘의 정신과 민주주의의 정신이 번성하며 사람들을 맞아들이기 위해 개방하고 있는가? 셋째, 아름다운 경관을 자랑하는가? 그속에 도시와 자연의 공존이 독자적인 모습으로 사람들의 생활 속에 녹아들어 있는가?

넷째, 도시산업이 독창적이면서도 다양한가? 말하자면 오랜 전통과 독특한 문화, 개방적인 성격과 자유로운 도시 및 자연경관, 산업의 문화성 등이 그 도시를 세계적인 문화도시 혹은 인문도시로 내세울 만하게 한다는 것이다. 사람의 인격이 있듯이 도시에는 시격이 있다. 세계적 문화도시란 다름 아니라 도시의 품격이 인문도시로서 손꼽힐 수 있을 정도로 높아야 한다. 단순히 경제력이 높다고 해서 도시의 품격이 높아질 수는 없다는 것이다.

:: 빛과 꿈의 도시 파리(Paris)

파리는 프랑스 최대의 도시이며, 이 나라의 정치, 경제, 문화 등의 중심이다. 또한 뉴욕, 런던, 서울 등과 함께 세계 최고의 도시이기도 하다. 북위 49도로 다소 고위도에 위치하지만, 따뜻한 북대서양 해류와 편서풍에 의해 일 년 내내 비교적 온난한 기후를 가지고 있으며, 서안해양성 기후의 대표적인 도시이다. 케스타 지형을 나타내는 파리 분지의 거의 중앙에 위치하여 시내를 세느강이 흐른다. 이 강의 중천에 있는 시테 섬을 중심으로 발달했다. 행정적으로는 하나의 코뮌 단독으로 주를 구성한 특별시이며, 루브르 박물관을 포함한 1구역을 중심으로 시계 방향으로 20 행정 구역이 늘어서 '달팽이'라고 불리기도 한다. 시역은 성곽 도시 시대의 성벽 흔적을 따라 만들어진 순환 고속도로의 내부 시가지 및 그 밖 서쪽 불로뉴 숲 밖 동부 방센느 숲을 합친 형태로 되어 있으며, 면적은 105.40km 2에 달한다. 시의 인구는 1950년대 약 290만 명의 절정에 달한 후 계속 감소했지만, 최근 몇 년 동안 조금씩 증가하는 경향으로 변하고 있으며 런던을 능가하는 EU 최대의 도시를 형성하고 있다. 파리 출신 거주자는 남성이 빠리지엥(프랑스어: 'Parisien', parizjɛ̃ 빠리지엥), 여성이 빠리지엔느(프랑스어: Parisienne, parizjɛn빠리지엔느)로 불린다. 1960년대 이후 옛 식민지였던 아프리카 중부와 북부, 인도차이나 반도, 최근에는 중동, 동유럽, 중국 등지에서 빠리지엥과 빠리지엔느도 다민족, 다인종화되고 있다. 2012년 미국의 싱크탱크가 발표한 비즈니스, 인재, 문화, 정치 등을 대상으로 한 종합적인 세계도시 순위에서 뉴욕, 런던에 이어 세계 3위의 도시로 평가를 받았다.

'예술의 도시'라는 별명이 말해주는 것처럼 파리는 회화에서 조각, 패션, 음악에 이르기까지 다양한 예술의 세계적인 중심지로 이름을 떨치고 있다. 특히 최근에는 파리 컬렉션이나 요리경연대회 개최에서 볼 수 있듯이,

프랑스를 대표하는 의류 문화와 음식 문화의 분야에서 세계적인 정보 발신지가 되고 있다. 예술의 도시라고 불리는 만큼 그 문화적 영향을 세계에 지속하고 있으며, 그 결과 세계 최고의 관광 도시로 부상했다. 이 때문에 1989년 유럽 문화 수도로 선정되었고 매년 약 4,500만 명의 관광객을 유치하고 그 60%는 외국에서 온 사람들이다. 주요 관광 자원으로는 역사적인 건축물, 수많은 유명한 미술품, 명품으로 대표되는 패션과 음식 등이다. 건물은 중세 이전의 것들도 남아지만, 제3 공화국 시대의 파리 개조 및 벨 에포크 건물이나 프랑스 혁명 200주년 그랑 프로젝터 건축물 등 각 시대의 세계의 최첨단 건축물들이 많다. 미술관에는 프랑스에서 활약한 저명한 예술가의 미술품 외에도 전쟁을 통해 얻은 전리품이나 구입에 의하여 수집된 세계적인 소장물들이 보관되어 있다.

에펠탑(Tour Eiffel)

에펠탑은 파리의 센 강변에 있는 철탑이다. 프랑스 혁명 100주년인 1889년에 세운 높이 320.75m의 탑으로 구스타프 에펠이 만국박람회를 기념하여 세운 파리의 상징이다. 에펠탑의 전망대에서 바라다본 센 강과 파리 시내는 매혹적으로 아름답기에 많은 인파가 찾고 있는 명소이다. 에펠탑은 프랑스혁명 100주년이던 1889년 파리 만국박람회를 기념하기 위해 만든 것으로 구스타브 에펠의 이름을 딴것이다. 높이 320m, 무게 7천 톤, 1만5천 개의 철근을 250만 개의 대못으로 결합해 만들었으며, 꼭대기까지 1,665개의 계단이 있다. 당시에는 이 철골 구조물이 파리의 아름다운 경관을 해친다는 이유로 많은 지식인들이 철거를 주장했었는데 지금은 프랑스와 파리의 상징물이 되고 있다.

개선문(Triumphal Arch)

개선문은 전쟁터에서 승리해 돌아오는 황제 또는 장군을 기리기 위해 세운 문이다. 일반적으로 개인 또는 국민이 이룩한 공적을 기념할 목적으로 세운 대문 형식의 건축물을 말한다. 개선문은 1805년 〈아우스터리츠 전투〉에서 승리한 기념으로 1806년, 나폴레옹 보나파르트의 명에 의해 건설이 시작되었다. 루이 필립의 왕정복고 시대, 1836년 완성했다. 나폴레옹은 개선문이 완성되기 전에 이미 사망하고, 그가 이 문을 지나간 것은 1840년 파리로 이장할 때였다. 건축가 샤를 글랑에게 건축을 명령, 30년만인 1836년에 완성되었다. 높이 49.54m 폭 44.82m로 세계 최대의 크기를 자랑한다. 고대 로마의 개선문 모범을 따온 것으로, 신고전주의의 대표작 중의 하나이다. 개선문 아래에는 제1차 세계대전의 〈무명 용사의 무덤〉이 있으며 꺼지지 않은 불이 함께하고 있다.

노트르담 대성당(Notre-Dame de Paris)

파리 센 강의 시테 섬에 있는 노트르담 대성당은 중세 고딕 양식의 대성당 가운데 가장 유명한 대성당이다. 그 규모와 오랜 역사로 고고학과 건축학적 관심의 대상이다. 1163년에서 머릿돌을 놓은 후 성가대석과 네이브는 1240년 완공되었고 100여 년에 걸쳐 포치, 예배당 등을 지어 오늘날에 이르렀다. 이 성당은 나폴레옹의 대관식(1804) 등 여러 가지 역사적 사건의 무대가 되었다. 빅토르 위고의 작품〈노트르담의 꼽추〉의 무대이기도 했다. 전체 길이 130m, 폭 48m, 천장 높이 35m, 탑 높이 69m의 대건축물로 4각형 쌍탑과 쌍탑의 선을 따라 정면을 3부분으로 나눈 버팀벽의 수직선과, '그랜드 갤러리'의 수평선이 '장미창'을 중심으로 비할 데 없는 균형과 조화를 이루고 있다. 내부는 아일이 2층으로 되어 있고 네이브는 거대한 원주가 끝에서 3개의 기둥으로 나뉘면서 천장으로 뻗어 있어 전체적으로 밝고 높은 공간을 만들어내고 있다. 장엄한 종교적 공간을 연출하는

스테인드글라스는 북쪽 정면의 장미창을 제외하고는 후세의 작품이다. 오른쪽 출입구의 〈성모자 聖母子〉(1165~70경), 왼쪽 출입구의〈성모대관 聖母戴冠〉(1210~20경), 중앙 출입구의〈최후의 심판〉(1220~30경), 북쪽의〈붉은 입구〉, 내진(內陣) 주위를 장식한 진한 색깔의〈그리스도전(傳)〉(14세기)이 유명하다. 수 세기를 지나면서 흠집이 생기고 약해졌으며 18세기 프랑스 혁명 때 크게 파손되어, 19세기에 서쪽 정면 '그랜드 갤러리'의 28개 조상과 3개 출입문 측벽에 서 있는 조상 등에 대한 대대적인 보수공사를 했다. 트랜셉트와 네이브 사이에 높이 솟은 첨탑은 19세기에 복원된 것이다.

루브르 박물관(Musee du Louvre)

세계 3대 박물관 중의 하나인 루브르 박물관은 프랑스 파리의 중심가인 리볼리 가에 있는 국립 박물관이다. 그 소장 작품 숫자만 치더라도 약 40만 점으로써 루브르의 역사는 16세기 초 프랑스와 1세 때 다빈치의 〈모나

리자〉를 비롯해 티치아노의 작품 12점 등의 이태리 거장들의 작품과 고대 조각 작품들을 보관하면서 시작되었다. 나폴레옹 시절에는 패전국으로부터 약탈해온 미술품들로 루브르를 메꾸어 그 당시 루브르는 세계 제1의 미술관이 되었다. 소장품의 수와 질 면에서 메트로폴리탄 미술관, 대영박물관과 함께 세계적으로 손꼽히는 박물관이다. 지금의 건물은 루브르 궁을 개조한 것으로, 파리의 센 강변에 포함하여 세계유산으로 지정되어 있다. 1692년 루브르 건물에 왕립 아카데미가 들어서고 1699년에는 첫 번째 살롱전이 개최되었다. 아카데미는 루브르에 100년 동안 남아있었다. 프랑스 대혁명 당시, 국민회의는 루브르가 박물관으로서 국가의 걸작을 전시해야 한다고 선포하였다. 박물관으로서의 루브르는 1793년 8월 10일 537점의 회화를 전시하며 첫 문을 열었는데 전시된 작품은 대부분 몰락한 귀족과 교회에서 징발된 수집품들이었다. 박물관 건물 내부의 구조적 문제로 인해 박물관이 1796년에서 1801년까지 문을 닫았다. 나폴레옹이 통치하던 시기에 소장품의 규모가 크게 늘었고 이름도 뮈제 나폴레옹으로 바뀌었다가 워털루에서 나폴레옹이 대패하자 나폴레옹 군대에 빼앗겨 루브르로 보내졌던 많은 작품들이 고국으로 돌려보내졌다.

오르세이 미술관 (musee d'orsay)

루브르 박물관보다는 크지는 않지만 모두 3층으로 구성된 오르세이 미술관은 바로 이러한 행운을 가능하게 해준다. 원래 오르세이 미술관은 프랑스 파리에서 산업 박람회를 개최했을 때 건축되어 기차역으로 쓰이던 아르누보 양식의 구 오르세이 역을 1977년부터 개조공사를 시작하여 1986년 개관하게 되었다. 그래서인지 오르세이 미술관 입구를 통과하여 들어가면 타원 모양의 높은 유리 천정이 인상적이며 개조 전 선로와 플랫폼이었을 법한 1층에는 지금 수많은 조각 작품들과 그림들이 전시되어 있다. 이곳에 전시된 회화 작품은 그야말로 어느 것 하나 놓치고 싶지 않을 정도로 뛰어난 걸작들이다. 루브르의 고전적인 분위기와는 달리 이곳에 전시된 작품들은 19세기 말에서 20세기 초에 걸친 미술품들로 사실주의, 인상주의, 후기 인상파, 아르누보 중 대표적인 작품들이 전시되어 있다. 회화뿐만 아니라 조각, 테마 예술품, 가구 재료, 건축 구조물, 포토 그래픽, 유명 작가들의 스케치북과 노트 등도 함께 전시되어 있어 그들의 기법 등을 엿볼 수 있다. 이러한 모든 작품은 3개 층에 분산되어 전시되어 있다. 1층에는 '비너스의 탄생'을 비롯하여 유명한 밀레의 '만종', '이삭줍기'와 마네의 '피리 부는 소년' 등이 전시되어 있고 2층에는 제3공화국 시대의 작품과 프랑스, 벨기에, 글래스고 등지의 아르누보 작품들이 전시되어 있으며, 3층에는 고갱의 '타히티의 여인들'을 비롯하여 마네, 드가, 모네, 세잔, 고호, 르누아르 등 손꼽을만한 인상주의 화가들의 작품들이 전시되어 있다.

몽마르트르 언덕(Montmartre)

몽마르트르 언덕은 로마교회와 관련해서 순교자들의 시체를 쌓아 두었던 언덕이란 의미에서 붙여진 이름이다. 19세기 초까지 풍차가 돌아가는 시골 마을로 우리말로 표현하면 '달동네'라 할 수 있다. 본래의 종교적 의미를 띄면서도 이곳에서 시대에 따른 미술 사조의 흐름을 느낄 수 있을 정도로 그 문화, 예술적인 정체성을 간직하고 있는 곳이다. 또한 오늘날, 주거지역이기도 하면서 역사, 문화적 중심지이기도 하여 오래된 파리의 전형적인 골목길을 거닐고 싶어 하여 이곳을 방문하는 여행객이 600만에 이른다. 창작과 예술의 장소인 이곳에서 관광객들은 항상 계단 한켠에서 그림을 그리는 무명화가들을 볼 수 있고 또한 영화 촬영 현장을 발견할 수 있다. 언덕을 내려와서 Clichy 대로가 있는 주변이 그러한데 많은 영화관, 극장, 술집들이 자리하고 물랭 루즈가 위치한 곳도 이곳이다.

빈센트 반고흐(Vincent van Gogh, 1853-1890)

서양 미술사상 가장 위대한 화가 중의 한 사람인 빈센트 반고흐는 네덜란드에서 태어났다. 인상파, 야수파, 초기 추상화에 미친 반 고흐의 영향은 실로 막대하며 20세기 예술의 여러 다른 관점에서 보일 수 있게 하였다. 그는 옛 거장들이 그림들을 지나치게 세세하게 다루지 않는 것에 대해서 아주 경탄해 했고, 자신도 평생 이 원칙을 고수했다. 고흐는 무엇보다도 자신에게 가장 중요하다고 여겨지는 주제, 즉 평범한 사람들의 세계를 다루었다. 그는 그의 작품 전부 900여 점의 그림들과 1,100여 점의 습작들을 정신질환(측두엽 기능장애로 추측됨)을 앓고 자살을 감행하기 전인 단 10년 동안에 모두 만들어냈다. 그는 생존 기간 동안 거의 성공을 거두지 못했지만, 특히 1901년 3월 17일 그가 죽은 지 11년 후 파리에서 71점의 반

자화상(autoportrait), 빈센트 반고흐(Vincent Van Gogh, 1853–1890) 후기 인상주의 캔버스에 유화, 54.5×65cm, 오르세이미술관 소장.

고흐의 그림을 전시한 이후 그의 사후 명성은 급속도로 커졌다. 불과 10년이라는 짧은 기간 동안 제작된 그의 작품들은 강렬한 색채, 거친 붓놀림, 뚜렷한 윤곽을 지닌 형태를 통하여 그를 자살까지 몰고 간 정신병의 고통을 인상 깊게 전달하고 있다. 즉, 고흐의 그림 속에는 정신적인 고통과 이를 극복하고자 한 의지가 담겨 있는 것이다.[8] 그의 걸작으로는 수많은 자화상과 〈별이 빛나는 밤 (The Starry Night, 1889)〉, 〈프로방스 시골길의 하늘 풍경〉, 〈해바라기〉 등의 걸작을 남겼다.

네 살 아래 동생이자 빈센트가 평생의 우애로 아꼈던 그의 동생 테오, 그들의 우애는 서로 주고받았던 엄청난 편지 모음에 충분히 기록되어 있다. 이 편지들은 보존되어 오다가 1914년에 출판되기도 하였다. 편지들은 화가의 삶에 많은 통찰을 주었고, 그가 예민한 마음의 재능 있는 작가라는 것

별이 빛나는 밤(The Starry Night, 1889), 빈센트 반고흐(Vincent Van Gogh) (1853–1890), 후기 인상주의, 캔버스에 유화, 73.7×92.1cm, 뉴욕현대미술관 소장.

도 보여 주었다. 무명화가로서의 고단한 삶에 대한 슬픔 또한 묘사되어 있다. 그는 과부인 사촌 케이 보스에게 그의 사랑을 고백했지만 그녀는 그를 거부했다. 나중에 그는 매춘부 신 호르닉과 그녀의 아이들과 함께 이사하고 그녀와 결혼할 것을 생각했지만, 성격차이가 있었고 결국 그들은 헤어졌다. 1888년 12월 23일에 그는 아를의 사창가에 있는 매춘부에게 자신의 왼쪽 귀 조각을 건넸다. 그런 일이 있은 후 아를의 주민들은 그를 '미친 네델란드 사내'라고 하며 그에게 마을을 떠나라고 강요했다. 그리고 그는 1889년 5월 8일, 생레미의 한 정신병원에 들어갔다. 1890년 7월 27일, 빈센트 반 고흐는 들판으로 걸어나간 뒤 자신의 가슴에 총을 쏘았다. 바로 죽지는 않았지만 그 총상은 치명적이었다. 그는 비틀거리며 집으로 돌아간 후, 심하게 앓고 난 이틀 뒤, 동생 테오가 바라보는 앞에서 37세의 나이로 숨을 거뒀다. 그리고 몇 개월 지나지 않아 동생 테오도 매독을 앓다가 죽었고 두 형제의 시신은 나란히 묻혔다. 그는 파리적 소재에 관심을 기울였고 파리 주변의 시골에서도 그는 자주 그림을 그렸다. 그 밖에도 고흐는 다양한 상징을 통해서 자신을 표현했다. 많은 그림에서 그는 언어를 통해서 말할 수 없었던 것을 상징적으로 표현했다. 그 그림에는 언제나 '진실한' 삶과 그것의 대용인 자연과 자연을 표현하는 예술에 대한 고흐의 소원을 동시에 표현한 것이었다.

폴 고갱(Paul Gauguin, 1848–1903)

프랑스 파리에서 태어난 폴 고갱은 프랑스 후기인상파 화가다. 문명세계에 대한 혐오감으로 남태평양의 타히티 섬으로 떠났고 원주민의 건강한 인간성과 열대의 밝고 강렬한 색채가 그의 예술을 완성했다. 그의 상징성과 내면성, 그리고 비(非)자연주의적 경향은 20세기 회화가 출현하는 데 근원적

어디에서 왔는가? 우리는 누구인가? 우리는 어디로 갈 것인가? (where do we come from? Who are we? Where are we going?, 1897), 폴 고갱(Poul Gauguin, 1848–1903), 유화, 141×376cm, 보스턴미술관 소장.

인 역할을 했다. 고갱의 생애는 파란만장하다. 아버지는 자유주의자로서 망명하여 남미 리마로 가던 도중에 죽고, 그 후 고갱은 7세 때에 프랑스에 돌아온다. 바다를 동경하여 선원이 되어 남미도 항해하지만, 결국 포기하고 그만두고 화가로서 새 출발을 한다. 그러나 회화는 생활에 아무런 도움을 주지 못하고 돈은 다 떨어져서 아내의 고향인 덴마크로 가는데 덴마크에서 발표한 일도 실패, 고갱은 처자를 남겨두고 단 하나의 어린아이를 데리고 파리에 나타났다. 그러나 생활은 궁핍하여 포스터를 붙이는 노동도 했다. 그리고 1886년부터 브르타뉴의 퐁 타뱅으로 가서 젊은 화가들과 만나, 인상파의 그림에 만족하지 않고, 독자적인 화풍을 창시, 평면적인 채색으로 장식적인 그림을 그리면서, 그의 화풍을 따르는 젊은 화가들과 '퐁 타벵(Pont–Aven) 파'를 창립하였다. 파리로 돌아가서는 고흐를 만났다. 그의 파리 생활은 고흐, 로트레크 등과의 친교를 돈독히 할 수 있는 계기가 되었으며 특히 고흐와는 고흐의 동생 테오의 추천으로 몇 개월 동안 같은 작업실을 사용하는 기간도 있었다. 두 사람이 친구였던 것으로 유명하다지만, 정확하게 말하자면 고흐가 고갱을 동경해서 그를 스승으로 생각하고 자신이 있는 아를로 와주기를 간청했다. 여기에는 고흐의 이상

이아 오라나 마리아(아베 마리아)(Hail Mary)(1897), 폴고갱 (Poul Gauguin) 1848–1903, 캔버스 유화, 87.7×113.7cm, 메트로폴리탄미술관 소장.

인 화가들의 공동체를 만들겠다는 뜻도 있었다. 비록 고흐가 귀를 자르는 사건으로 두 사람의 동거는 끝나게 되지만 두 사람의 우정에는 변함이 없었다.

고갱에게는 순수함에 대한 정열이 있었다. 문명의 거짓을 좋아하지 않았다. 거짓이 없는 순수함 속에는 꿈이 있다. 거기에는 시(詩)가 살아 있다. 고갱은 1887년 봄에 남미로 건너가고, 다시 마르티니크 섬으로 가지만 병으로 인한 고뇌로 귀국한다. 그리하여 이듬해 퐁 타뱅으로 다시 가 거기에서 젊은 화가들과 만나 새로운 회화의 이론을 주장한다. 그 염원을 달성한 것은 1891년으로, 고갱은 태평양의 타히티 섬 민중들의 순수한 삶과 개성에 감동하여 수많은 작품을 그려 낸다. 고갱은 한번 파리에 돌아오지만, 1895년에는 타히티에 돌아간다. 그러나 그림 제작하는 것 외에는 궁핍과 병과 싸우는 생활이고, 1901년에는 Hiva Oa 섬으로 옮겨 가서 고독한 생애를 마친다.

고갱은 때 묻지 않은 타히티의 원주민들과 교류하는 밝고 희망찬 미래를 상상했지만 현실은 그렇지 못했다. 이미 프랑스의 식민지였던 타히티는 문명화가 진행된 곳이었고 타히티의 원주민 소녀들은 뚱한 표정으로 고갱을 소 닭 보듯 할 뿐이었다. 고갱 그림 속의 원주민 여성들의 표정이 그냥 뚱한 것은 이런 이유도 있다. 아름다운 열대의 풍광과 외래인을 환대하는 섬사람 특유의 온화함은 가난하고 상처받은 영혼의 고갱에게 어쩌면 천국 같은 섬이었을지도 모른다. 그가 두 번째로 타히티에 체류했던 시기이자, 사망하기 일 년 전에 작업했던 위 그림은 이미 그가 타히티인들에게 대한 많은 영적인 교감과 위로를 받고 있었음을 나타내고 있다. 그는 원주민의 건강한 인간성과 열대의 밝고 강렬한 색채가 그의 예술을 완성했다. 하지만 점점 가난과 빈곤, 고독에 시달리며 고갱은 파리로 돌아가 가족들과 재회하기를 갈망하게 된다. 1893년 6월 4일 그는 타히티를 떠나 그토록 그리워하던 프랑스로 향한다. 파리로 돌아온 고갱은 1893년 11월 10일 고갱은 타히티에서 그린 작품으로 개인전을 열어 세인의 관심을 끌었지만, 상업적으로는 실패하였다. 그가 프랑스로 돌아온 1년 동안 깊은 좌절감만 쌓여가게 된다. 코펜하겐의 그의 가족들도 그에게 냉담했고, 고갱은 다시 타히티 섬으로 돌아갈 것으로 결심하게 되었다. 그의 화풍은 우화적이고 위트 있는 상징적 그림이지만 이 그림을 통해 그는 타히티라는 낙원에서조차 인간 본연의 욕망과 욕정과 고통에서 자유로워질 수 없는 인간의 한계를 느꼈고 그 느낌을 그림을 통해 표현했을 것이다. 홀로된 고갱은 종래의 인상파적인 화풍을 버리고 자신만의 화풍을 만들어 갔으며 이국적이며 토속적인 것들에 몰두하게 된다. 상업적으로는 실패했지만 그의 그림은 피카소 등 젊은 화가들에게 지대한 영향을 끼쳤다. 타히티 파페에떼에 돌아온 고갱은 병마에 시달렸고 파리에 머무는 동안에 겪었던 처절한 패배감으로 우울증에 빠져 자살을 기도하기도 한다. 이때 마지막 유언으로 여기며 제작한 그림이 바로 유명한 그림 〈우리는 어디서 와서 어디로 가는가〉이다. 1901년 53세부터 그는 매독과 영양실조로 건강이 악화되며 〈부채를 든 여인〉, 〈해변의 말 탄 사람들〉 등의 작품을 남겼다. 1903년 5월 8일 55세, 결국 그는 심장마비로 생애를 마치게 된다.

장 콕토(Jean Cocteau, 1889–1963)

경쾌하고 신기하고 때로는 신비하기까지 한 시나 소설을 써서 사람들을 깜짝 놀라게 하기도 하고 한편 즐겁게 하기도 한 장 콕토는 한때는 20세기 초반 문단의 총아로, 유럽은 물론 이웃 나라 일본이나 우리나라 독자에게도 친숙한 작가이다. 특히 그는 영화 〈비련〉, 〈미녀와 야수〉와 〈오르페〉 등의 제작자로도 유명하다. 그의 재능과 취미는 다방면에 걸쳤으나 본령은 어디까지나 시였다. 그가 손을 댄 모든 예술 양식은 그의 중심 사상인 시 정신의 표현 수단이라고 그 자신이 말해왔다.

제1차 세계 대전 이후 시집으로 〈희망봉〉, 〈단성 성가〉, 〈오페라〉 등을 발표하였다. 이 시기 이후에 그는 상당히 긴 공백 기간을 이용하여 소설, 수필, 연극, 영화, 데생 등에 몰두했다. 다방면에 걸친 마술사 같은 그의 재간은 실로 종횡무진하여 전기의 활동 외에도 교회의 내부 장식, 색종이로 붙인 회화, 러시아 발레에서 샤넬의 의상 고안까지 그의 손이 닿지 않은 곳이 없었다. 콕토는 60이 훨씬 넘어서도 정신의 젊음과 시 정신은 변치 않았다. 새로운 것, 이상한 것, 마적인 것에 대한 추구는 계속 다방면에서 추구되었다. 다만 달라진 것이 있다면 좀 더 평온해지고 좀 더 신비적인 것으로 기울어진 점이다. 이 시기의 시집으로서는 〈페닉스의 스페인의식〉, 〈진혼곡〉이 있다. 그의 여러 방면에 걸친 많은 작품도 지금에 이르러서는 많은 것이 망각의 세계에 묻히고 말았다. 100편이 넘는 작품 가운데 10여 편의 작품 또는 제작이 그의 걸작으로 인정되고 기억되고 있을 뿐이다. 그것도 상당한 일이다. 피상적인 허구와 단순한 말장난으로 보이는 많은 그의 작품의 표면 뒤에 진정한 시인, 날카로운 지성의 시인을 발견하고, 화려하게 보이는 이 예술의 곡예사가 사실은 늘 고독과 허무와 죽음의 깊은 늪을 보아온 심각한 작가라는 것이 차츰 알려지게 되었다.

무희

게는 발끝으로 걸어 나온다.
두 팔로 꽃바구니 모양을 만들고
귀밑까지 찢어질 듯한 웃음을 짓는다.
오페라의 무희는
꼭 게 모양을 닮아
색칠한 무대 뒤에서
두 팔로 원을 그리며 나온다.

Danseuse

Le crabe sort sur ses pointes

Avec ses bras en corbeilles;

Il sourit jusqu'aux oreilles.

La danseuse d'Opera,

Au crabe toute pareille,

Sort de la coulisse peinte,

En arrondissant les bras.

너의 웃음은……

장미 꽃잎의 가장자리처럼 위로 잦혀진 네 미소는

너의 변신에 원망스럽던 내 심사를 달래준다.

너는 잠이 깨어 이제는 꿈은 잊어버렸다.

나는 또다시 너의 나무에 매어진 몸이 된다.

너는 네 작은 힘을 다하여 내 몸을 얼싸안는다.

우리는 어째서 나무가 되지 않는가, 한 껍질

한 체온, 한 빛깔의 나무가,

그리고 우리들의 입맞춤이 그 나무의 유일의 꽃이 되지 않는다.

Tes rires……

Tes rires retrousses comme a son bord la rose,

Effacent mon depit de ta metamorphose;

Tu t'eveilles, alors le reve est oublie.

De nouveau je me trouve a ton arbre lie,

Tu me serres le corps de ta petite force.

Que ne sommes-nous plante, et d'une seule ecorce,

D'une seule chaleur, d'une seule couleur,

Et dont notre baiser serait l'unique fleur.

– 장 콕도의 무희

:: 산타루치아의 요염함이 살아있는 항구도시 나폴리(Napoli)

'나폴리를 보고 죽으라'는 말이 나올 정도로 매혹적인 항구도시, 나폴리. 세계 3대 미항 중 하나인 나폴리(Napoli)는 로마에서 남동쪽으로 190㎞ 떨어진 이탈리아 남부에 있는 도시로, 통일 전까지는 양시칠리아 왕국의 수도였다. 거대한 항구도시이자 지적 활동의 중심지이며, 역사와 예술, 문화의 중심지로서 나폴리 역사 광장은 유네스코 세계유산으로 지정되어 있다. 저 멀리 베수비오 화산을 배경으로 지중해를 따라 조성된 나폴리는 도심 풍광이 황홀함 그 자체일 정도로 아름답다. 나폴리는 로마 밀라노에 이어 이탈리아 제3의 도시이자 폼페이 소렌토 카프리 섬으로 향하는 아름다운 관문이다. 로마 밀라노 다음의 이탈리아 제3의 도시인 나폴리에는 세계 3대 미항이라 불리는 산타루치아 항구가 자리 잡고 있으며 전 세계인들이 사랑하는 요리인 피자와 파스타가 탄생한 곳이다. 세계에서 가

장 아름다운 만의 하나를 끼고 있어 아름다움이 빼어난 나폴리는 여기저기 깨알같이 볼거리가 많은 곳이다. 한눈에 들어오는 전경은 푸른 바다와 눈부신 하늘, 알록달록 화려한 집들이 모여 있는 육지가 어우러져 감동을 느끼게 한다.

나폴리 시 지구는 기원전 7, 6세기경에 건설된 것으로 추정된다. 고대에 네아폴리스(Neapolis)로 불렸으며 '신도시'라는 뜻을 지닌다. 로마 제국을 비롯해 수많은 왕국의 지배를 받았기 때문에 현재 왕가와 왕이 머물었던 기념비적인 유적을 한눈에 볼 수 있다. 옛 네아폴리스가 자리 잡았던 곳에는 대저택·성·교회당들이 여기저기 흩어져 있으며 도시의 많은 곳에 걸쳐 인공 지하 동굴이 있다. 그 이름을 딴 거리에 있는 두오모 성당(1294~1323)은 지진으로 크게 부서진 후 대폭 보수되었다. 다른 사적지로 카포디몬테 대저택과 1279~82년에 피아차델무니치피오 서쪽에 세워져 일명 마스키오 안조이노(앙주 요새)라고도 알려졌다. 현재 시청이 들어선 카스텔 누오보, 상점과 사무실이 들어 있는 십자 모양의 갈레리아 움베르토 2세 거리, 성(聖) 토마스 아퀴나스가 공부했고 후세를 가르쳤던 도미니쿠스회 수도원 등이 있다. 이탈리아 최대의 오페라관인 산카를로 극장(1737)은 세계적으로 유명하다. 르네상스 시대에 세운 팔라초 쿠오모에는 현재 시립박물관인 가에타노 필란지에리가 들어서 있다. 국립고고학박물관(1586)은 폼페이와 헤르쿨라네움 폐허에서 발굴한 벽화·모자이크·청동작품들과 파르네세의 대리석 수집품을 소장하고 있다. 국립도서관은 파피루스 고문서와 사본들을 보관하고 있다. 오늘날에 이르러 나폴리 시는 시 근방에 있는 국제공항에 자리하고 있으며 주위에 공항 관련 건물로 둘러싸여 있다.

:: 축제 속의 축제·감성의 일탈을 꿈꾸는 도시, 에딘버르

자연과 역사 그리고 문화가 살아 숨 쉬는 천혜의 도시 에딘버르. 200만 년 전 빙하의 움직임에 따라 솟구쳤던 화산이 남겨놓은 바위산에 중세시대부터 18, 19세기의 조지아시대와 21세기의 건물들이 어울려 도시 풍경을 이루는 곳이다. 에든버러는 스코틀랜드의 수도이며 고대에서부터 군사 요충지로써 요새를 중심으로 발전해왔다. 7세기경 잉글랜드가 에이든–버르(Eiden–burh)에 요새를 쌓았고 10세기에 스코틀랜드가 에든버러 성을 축조하였다. 에딘버르는 세월이 지날수록 그 진가를 발휘하며 세계인의 시선과 관심을 끄는 중이다. 그리고 이제 에딘버르는 세계에서 가장 독특하고도 아름다운 도시 중 하나로 영국인들은 이곳을 가장 살고 싶어 하는 도시로 꼽는다. 자연의 풍광과 역사, 관광, 문화를 특성화하여 정책적으로 가꾸어낸 에딘버르는 '도시+문화'를 꿈꾸는 세계 각국의 하나의 모델이 되고 있다. 또 매년 1,300만 명이 찾는 관광도시로 영국에서는 런던에 이어 두 번째로 많은 관광객이 찾는 곳이다. 특히 매년 8월 4, 5일 열리는

에딘버르 국제페스티벌 (Edinburgh International Festival) 축제로 유명한데, 전 세계 유명 예술인들이 모여 한여름을 화려하게 장식하는 세계적인 예술 축제이다. 연극, 무용, 오페라, 오케스트라, 미술품 전시, 등불행렬, 거리 공연 등 매일 5백 개가 넘는 공연이 해마다 열리고 있다. 에딘버르 페스티벌은 영국의 약 650가지의 예술 문화 축제 중 영국의 문화를 대표하며, 규모와 수준에서 최고를 자랑하고 있다. 에딘버르 국제 페스티벌은 1947년으로 제2차 세계대전의 상처와 그림자가 유럽 전역을 무겁게 덮고 있던 시기에 시작되었다. 글린데본 오페라단의 행정관이던 루돌프 빙(Rudolf Bing)을 포함하는 몇몇 뜻있는 사람들에게 재기의 바람을 불어넣어 전쟁의 상처를 치료하기로 뜻을 모았다. 그래서 나온 아이디어가 바로 축제였다. 주 공연장인 Festival Theatre를 비롯한 Usher Hall, Queen's Hall, King's

Theatre, Edinburgh Playhouse 등에서 공연이 행해진다. 그 외에도 에딘버르 프린지 축제, 영화제, 도서 페스티벌, 재즈 페스티벌 등 굵직한 축제가 펼쳐져 상상 그 이상의 즐거움을 만끽할 수 있다.

여기에 또 하나의 상승효과를 주는 관광상품이 있으니, 50년 넘게 진행되어 온 밀리터리 타투(Military Tattoo)가 바로 그것이다. 에딘버르 성 앞 광장을 막아 대형 객석을 만들고 가설 공연장에서 정통 스코틀랜드 경기병의 백파이프와 북 연주를 보여준다. 에딘버르 성의 찬란한 조명과 어우러져 스코틀랜드만의 매력을 느낄 수 있는 볼거리로 공연의 인기는 여타 다른 축제들보다 단연 앞서서, 매일 밤 수천 명의 관객이 줄지어 입장한다. 하지만 에딘버르가 축제의 도시로 성가를 높인 데는 단연코 프린지 페스티벌의 공로가 크다. 프린지라는 말은 주변부라는 뜻으로 해석될 수 있는데, 에딘버르 인터내셔널 축제가 시작된 같은 해에, 무작정 그곳에 온 초청받지 못한 8개의 극단에 의해 프린지 축제는 시작되었다. 그러한 이유로 프린지 축제는 지금까지도 모든 단체가 자유참가의 형식을 띠며, 그런 만큼 참가 단체의 수도 상상을 초월한다. 에딘버르 국제 페스티벌은 영화, 시사풍자극, 미술, 거리공연, 재즈 가장행렬, 파이프 공연단, 도서 및 건축물 전시회 등 초기의 색깔보다 다채롭게 변모되고 있다. 더불어 '축제 속의 축제(festival within the festival)' 에딘버르 국제 페스티벌 프린지(Edinbrugh Festival Fringe)가 진가를 발휘하면서 수백 개의 쇼, 콘서트, 전시회가 조그마한 극장과 홀, 거리와 광장을 가득 메워 도시 전역이 축제 무드에 휩싸이게 한다. 에딘버르에서 전 세계의 유명한 오케스트라, 오페라, 발레단 등 고전부터 현대에 이르는 다양한 예술의 세계에 심취되어 보는 것도 한여름의 낭만을 즐기는 이상적인 방법이 될 것이다. 우리는 에딘버르라는 도시를 통해 예술이 인간의 삶의 질을 향상시키는 필수요건이며 지식정보시대의 국가경쟁력을 좌우하는 문화 창의력의 원천임을 알 수 있다. 또 예술의 진흥은 국민의 삶의 질 향상과 직결되며 문화산업이 발전할 수 있는 토대임을 확인할 수 있다.

:: 인간미 넘치는 인문학 중심도시, 수원

수원시는 서울시의 남측 경기도 중서부에 위치한 내륙 도시로, 동쪽은 용인시, 서쪽은 안산시, 남쪽은 화성시, 북쪽은 의왕시에 각각 접해있고 경기도 도청소재지로 경기도의 행정, 문화, 금융, 교육의 중심지이다. 본래 수원은 정조의 화성성역화 사업에 의해 조성된 도시이다. 정조는 즉위 13년째 되던 1789년 양주 배봉산에 있던 부친 사도세자의 무덤을 화산을 옮기고 화산에 있던 읍치를 같은 해 7월 지금의 팔달산 아래로 옮겼다. 신읍치의 주민에게는 10년간의 면세 혜택을 주었으며, 정도 20년(1796년) 성이 완성된 후 성내가 한양의 도시처럼 빨리 흥할 수 있도록 한성부와 평양, 개성 등지의 거상들을 수원에 이주시키거나 지역의 상인들에게 독점권을 주기도 하였다. 화성의 총면적은 면적 약 1,297,060m²(392,358.9평)이며, 둘레 길이는 약 5,743km, 성벽 높이 평균 4.9–6.2m로 수원시를 둘러싸고 있는 형태를 띠고 있다. 1794년 1월(정조 18년)부터 1796년 9월(정조 20년)까지 총 32개월, 약 2년여 동안 축성되었다. 다산 정약용(茶山 丁若鏞)이 설계한 거중기(擧重機)로 성을 건축하였으며 핵심부에는 파손 시 복구가 쉬운 벽돌이 사용되는 등, 기존의 축성술에 새로운 지식과 기술이 결합되어 당시로써는 최신의 공법으로 최대의 효율성을 구현하였다. 이러한 화성의 축성은 당시 사회, 경제, 정치적으로 정조를 정점으로 관료, 학자, 기술자, 백성들이 함께 만들어낸 근대적 도시이며, 실학의 총체적 결정체라 할 수 있다. 또한 조선시대 대규모 토목공사였다.

화성의 축성계획은 정조의 기본적인 구상과 조선 후기에 대두된 성곽의 방어 능력 향상과 실학자들의 학문적 관심과 참여를 통해서 이루어졌다. 수원은 이러한 과정에서 만들어진 역사적 전통을 가진 도시이다. 그리고 화성은 1997년 12월 4일 나폴리에서 열린 유네스코(UNESCO) 세계유산위원회 제21차 총회에서 세계문화유산에 등재[9]되었다. 세계문화유산 등재 시 그 복원 과정에서 얼마나 진실성이 유지되었는지가 평가의 관건이 되었다. 조사관은 화성의 역사는 불과 200년밖에 안 되지만 성곽의 건축물들은 동일한 것이 없이 제각기 다른 예술적 가치를 지니고 있는 것이 특징이라는 긍정적인 평가를 내렸다. 또 화성은 동서양의 발달된 과학적 특징이 통합된 18세기의 동양 성곽을 대표하는 군사 건축물의 뛰어난 사례로 평가되어 화성의 세계문화유산 등록을 결정하였다. 2007년에는 화성성역의궤와 원행을묘정리의궤가 세계기록유산으로 등재되기도 하였다. 이와 같이 수원은 역사적인 사건에 의해 조성되고, 문화적으로 중요한 유산을 가지고 있는 역사적 정체성을 가지는 도시이다. 때문에 수원시에서는 정조와 화성이라는 문화자원을 내세워 지역문화를 발전시킬 수 있는 특징을 가지며, 이것을 축제를 기획하는 데에 활용하고 있다.

정조의 원대한 포부에 의해 지어졌던 화성은 왕의 사후에 계획한대로 성장하지 못한 채, 지방의 한 읍으로 명맥을 유지하다가 금세기 개화 물결 속에 방치되고 훼손되는 등 수난의 시기를 맞았다. 이 사이 성곽의 여러 부분이 파괴되고 성문이나 각종 건물들이 사라져 버렸다.[10] 다행히 1970

년에 와서 성곽의 대대적인 복원공사가 이루어지고 성곽 주변의 정화사업이 이루어져 옛 모습으로 회복되었다. 성곽복원의 결정적인 도움을 제공한 것은 『화성성역의궤』였다. 각 건물 하나하나의 형태와 치수는 물론 공사에 소요된 못의 숫자까지 명시된 이 뛰어난 기록 덕분에 성곽의 복원은 거의 원래 모습에 가깝게 되었다. 화성 이외의 문화관광자원은 경기도 문화예술회관, 수원야외음악당, 수원 관련 사료 및 정조대왕의 발자취를 알아볼 수 있는 각종 충효 자료, 문화유적, 관광난애 자료 등을 전시하고 있는 효행기념관이 있다. 그 외 도서관 4개소, 수원시민회관, 잠사과학박물관, 농업과학관 등이 있어 수원시민의 교육과 정서함양에 크게 기여하고 있다. 이런 도시적 성격을 지니고 있는 수원시는 글로벌 관광도시로서의 인문도시적 인프라가 충분하다고 할 수 있다. 수원시는 결국 수원시민

들의 삶이 더 가치 있고 여유로워지는 인간미 넘치는 사람중심도시를 만드는 것이며 그것이 인문도시라는 것이다. 수원시는 효율적 인문학 도시조성, 지원시스템구축, 미래의 도시경쟁력 제고, 도시인문학 콘텐츠개발, 독서의 저변화, 책 읽는 도시 수원 만들기, 역사문화 발굴, 정체성 확립, 삶의 가치 향상 인문학 프로그램 운영 등을 구체적으로 정책 방향으로 제시하였다. 수원시의 이러한 전력은 인문도시가 도시경쟁력 제고의 전략적 수단으로, 삶의 질에 대한 색다른 접근으로 도시재생의 방법론으로, 그리고 사회통합의 가능성으로 활용될 수 있음을 보여준다.[11]

:: 삼도수군통제영의 역사와 전통이 살아있는 인문도시, 통영

동양의 나폴리로 칭송받는 통영시는 한국적 '인문도시'로 평가받고 있다. 통영은 경상남도의 남해안에 돌출한 통영 반도에 자리 잡은 곳으로서 사계절이 뚜렷한 온대문화권을 형성하며, 삼면이 바다로 부산·여수·진주·마산 등과 연결되는 도시이다. 원래 통영(統營)이란 이름은 군사용어인 통제영(統制營)에서 줄여진 이름이다. 충무공 이순신이 1593년에 초대 통제사로 임명되어 한산도에 통제영 본거지를 창설한 바 있다. 이것은 해군의 수군(水軍) 대장이 충청도와 경상좌우도, 전라좌우도에 각각 정3품 당상관으로서 수군절도사를 두었지만, 임진왜란을 평정하기 위하여 충청·경상·전라 3도에 각각 분할된 수군 통수권을 통합하여 삼도수군통제사로 개편하면서 그 군영(軍營) 이름을 통제영이라고 하였다. 조선 수군의 본거지가 된 통제영의 초대 통제사는 충무공 이순신이었다. 그리고 통제영의 본영(本營)이 세병관(洗兵館)이었으며, 통제영은 이후 300년간이나 지속되었다.

사실 통영문화는 한문 문화권으로서 성리학자 정부의 조선수군의 본거지로서 군영의 제도문화가 자리 잡고 있음을 말한다. 통제영 본영의 세병관은 물론 참모들의 직전 상황처인 운주당을 비롯하여 백여 채가 넘는 수많은 부속 건물을 가지고 있었다. 물론, 군악대와 같은 취고수와 세악수들이 속하는 취청(吹靑)이 있었으며, 기생들은 '기생청'에 속해 있었다. 취청의 경우, 1687년에 100명이었다. 이들은 성 밖에 기거하면서 통제영에 출퇴근하였다. 출근 이후에는 민간음악계로 활동하였으니, 통영은 한양 이외에 가장 많은 음악인들이 집중된 곳이 되었다. 지금도 전통문화로 전해지고 있는 승전무를 비롯하여 해군들의 군사퍼레이드인 군점(軍點)과 수군들의 군기제(軍旗祭)라 할 수 있는 둑제가 성행하고 있었다. 정재(呈才)는 세악수들이, 군점에는 취고수와 세악수들이 동원되고, 행진할 때의 길군악이나 취타는 물론 회갑연·행차·제향에 이들이 주관하고 있었다. 또, 향리들 중심으로 시회(詩會)를 통하여 시와 그림 그리고 음악이 어우러진 가곡시조의 맥이 근대 통영문학예술로까지 이어지고 있었다.[12]

예로부터 통영은 서민문화가 발달되어 있었다. 지리적 위치가 삼면의 바다와, 수많은 한려수도의 기점이라는 점에서 일찍부터 항구로 발달되어 있었을 뿐만 아니라, 수산물과 청과물의 산지로서, 또 수입과 지출의 집산지로서 부산과 여수 등지에 도서 지역과 연결되는 해상교통의 중심지이며, 내륙으로 고성·사천·진주·마상 등지와 연결되는 곳이다. 통영 아전들이 중개한 통영의 오광대, 통영사또놀이와 마을마다 두레풍물에 의한 문화

가 발달되어 있었다. 그리고 악공조합으로 알려진 신청(神廳)출신들이 지금까지 이어져 오고 있는 사실 또한 우리가 주목해야할 점이다. 이들은 통제영의 취고청의 악공과 기생청의 기생들을 공급하고 있었다. 신청은 민간종합예술학교와 의례기관을 주관하는 조선 최대의 조직체로서 공사(公私) 간의 행사를 주도하고 있었다. 지금도 전국에서 유일하게 통제영의 제례악을 이곳 신청 출신들이 민간제례악으로 전해오고 있는 것도 이러한 이유에서다. 통영은 또한 신라시대까지 거슬러 올라가는 문화학교가 발달된 곳이었다. 지금까지 안정사와 용화사 그 밖의 암자들이 즐비하게 있으며, 이곳의 초파일 행사는 지금도 통영사람들에게 삶의 위안처로 자리 잡은 행사가 되고 있다.[13]

통영문화권은 백두대간 문화권에서 지리산을 축으로 한 좌도, 또는 동편제 문화권에 해당한다. 즉, 백두대간이 지리산에서 낙남정맥으로 이어져서 경남의 낙동강으로 끝나는바, 낙남정맥의 아래쪽에 해당하는 문화권이다. 이 문화권은 '남원–구례–하동–사천–고성–통영–마산–진해'로 이어지는 동편 제권으로 경남의 통영·고성권은 전남의 순천·여수권과 문화교류를 같은 문화권으로 활발하게 이루어진 곳이다. 윤이상이 음악적 체험을 고백하고 것처럼 "우리의 가장 음악적인 사람들은 전라도 지방에서 나지요"라는 것은 전라도 지역의 소리가 낙남정맥과 신청권을 따라 활발하게 교류되고 있음을 뜻한다. 1896년 부산이 개항하자 통영도 일본문화가 일본을 통한 서양문화가 급속하게 번져가고 있었지만, 통영은 다른 지역과 달리 전통문화가 견고하게 균형을 이루고 있었다. 개항 이래 정기선 항해회수가 부산보다 거의 두 배에 가까웠다는 점이나 학교와 기독교계가·일찍부터 들어서거나 일본으로 유학하는 등 신문화 또한 변화에 발 빠르게 적응하고 있는 곳이었다. 말하자면, 한국전통문화예술인과 외래문화예술인들이 모두 통영에 찾아와 온갖 공연활동을 전개하고 있었다. 즉, 통영은 유교문화와 서민문화, 전통문화와 신문화, 그리고 민족문화와 외래문화가 중첩되어 있는 교차로에서 다양성이 주어진 곳이다.

통영은 통영국제음악제, 윤이상 국제음악콩쿠르 등 기존 문화 예술 행사가 이미 높은 평가를 받고 있다. 박경리 기념관, 청마 기념관, 윤이상 공원, 전혁림 미술관 등 풍부한 문화명소도 소유하고 있다. 시 당국에서도 일선 학교의 창의적 재량활동 활용을 통한 인문적 체험 기회를 확대하고 있다. 또한 약 250여 개에 이르는 섬 문화 발굴을 위한 현장답사와 섬 문화 체험 행사를 시행하고 있기도 하다. 바로 통영시가 가지고 있는 이러한 행사 및 정책들은 친환경적이며 사람 중심의 새로운 도시 공간 창조의 가능성을 열어 '인문도시'라는 개념으로 평가받기에 충분하였다. 앞으로도 통영시는 교육과 예술 그리고 유행의 창조라는 인문도시의 장으로서 확대 발전해 가야 할 것이다.

제 2 장

통영, 인문학으로 통하다

통영은 오랜 역사와 전통을 지닌 곳이다. 통영의 전통은 과거의 재현과 오늘의 현존을 의미하는 것으로 앞선 삶을 통해 지혜를 이어갔던 선조들과 이 시대를 살아가는 통영사람들에 의해 이어지고 있다. 실로 통영은 과거가 남긴 문화유산과 유적이 풍부하다. 이 도시를 자유롭게 걸으면 곳곳에서 묻어나는 역사의 체취를 느낄 수 있다. 통영의 유적지와 문화명소는 농후한 인문적 색채를 띠고 있기에 천천히 음미해야만 그 참맛을 알 수 있다. 어느 곳을 가더라도 역사와 깊은 대화를 나눌 수 있는 기회를 만난다. 거기에 축복받은 자연환경을 갖고 있어 평화롭고 부드럽고 너그러운 인상을 준다. 옛것을 익혀 새것을 익힌다는 말처럼 과거를 회고하는 행위는 인간 본능의 한 부분이다. 지금의 세상살이가 고단할지라도 과거의 역사를 돌아보며 역사를 이야기하는 것은 소중한 일이다. 가끔 필자는 통영의 참모습을 점점 잊어가는 것은 아닌가? 또 많은 관광객들이 해마다 통영을 찾지만 과연 통영의 진정한 모습을 느끼고 돌아가겠는가? 라는 의문을 던져본다. 왜냐하면 너무나 많은 역사의 향기와 근현대를 살다간 뛰어난 예술가들의 창작세계 등 특이한 문화적 실존들이 그들에게 얼마나 진솔하게 침투되는지 고민하기 때문이다. 통영의 역사적 전통과 예술은 여기서 살아갔던 사람들의 창의성에 의해 생겨나서 축적된 것이다. 분명 이것은 현재에도 미래에도 많은 영감을 주면서 대단한 이 도시를 살아가는 많은 사람들에게 자부심으로 작용할 것이다. 아무리 생각해도 이곳에서 살아가는 필자는 축복받은 사람임에 틀림없다.

1 통영의 역사·철학을 인식하다

:: 통제영 400년 역사와 삼도수군통제영

바다의 땅, 통영은 한반도의 최남단 한려수도의 기점이며, 한려해상국립공원의 심장부에 자리하고 있다. 사시사철 기후가 따뜻하고 수려한 자연경관과 청정해역을 자랑하는 수산·관광자원의 보고(寶庫)이다. 전형적인 리아스식 해안의 반도와 526개의 크고 작은 섬으로 이루어진 통영은 한국 최고의 관광지로 각광받고 있다. 온화한 기후와 풍부한 수산자원, 바닷길 등 사람이 살아가기에 최상의 환경을 두루 갖추고 있는 통영은 일찍부터 인류가 정착해 살았던 흔적을 엿볼 수 있다. 지금까지 알려진 유적 중에서 욕지면의 상노대도(上老大島)와 동항리(東港里)의 패총[14]은 신석기인들이 조개를 먹고 껍질을 버린 조개 무덤들이다. 이 속에는 조개껍질만 쌓여 있는 것이 아니라 당시의 생활도구도 함께 묻혀 있다. 이러한 신석기시대는 기원전 5000년을 전후로 해서 기원전 1000년까지 약 3~4000년간 우리나라에 지속되었다고 생각된다. 욕지면 상노대도 패총의 경우는 우리나라 신석기시대 초기부터 시작된 대표적인 유적이며 이것으로 미루어 볼 때 통영에 살았던 신석기인들은 육지의 바닷가나 섬에서 천연동굴을 이용하거나 혹은 땅을 파고 움집을 짓고 무리지어 살았을 것이다. 그들은 빗살무늬토기를 많이 쓰면서 간석기(돌도끼, 돌창) 등으로 사냥하고 원시적이지만 그물로 고기를 잡으며 살았을 것이다. 또 무리 지어 정착생활을 하며 피와 조 같은 곡식농사를 짓기 시작했으며, 뼈바늘을 사용하여 옷을 기워 입고 짐승들의 뼈와 조개껍데기 따위로 장신구를 만들어 치레 하였을 것이다.

인간이 처음으로 청동주조 기술을 개발하여 청동기를 제작하고 사용하게 되었던 청동시대의 대표적인 유적 가운데 산양면 신봉마을에 있는 1기의 지석묘와 미수1동의 지석묘 군이 있다. 기반식(基盤式)묘는 외형상으로 지석 위에 편평한 상석을 올려놓은 것으로 전형적인 남부지방의 특징을 갖고 있다. 그리고 도산면 법송리, 원산리, 관덕리, 광도면 노산리, 죽림리 지석묘들도 기반식이 주류를 이루고 있다. 이와 같은 묘제를 사용하던 청동기시대 사람들은 전대와 달리 농경을 하고 마제석기(磨製石器)와 청동기를 사용하면서 고대국가성립의 기초를 이루게 되는데 통영지방의 경우도 지석묘가 주로 좁은 평야가 있는 해안지방에 분포하고 있는 것으로 보아 농경을 하였음이 입증되고 있다. 이 시대에는 안정된 식량 생산을 바탕으로 하여 농경 이외의 전문적인 생산 활동에 참여하는 집단이 생겨 노동의 분화가 이루어지게 된다. 즉 식량생산에 필요한 도구를 만들어 낸다든지 고인돌과 같은 거대한 구조물을 축조한다든지 청동기나 민무늬토기의 제작과 같은 전문적인 일에만 종사하는 사람들이 생겨나게 되는 것이다.[15] 따라서 상당한 규모의 마을이 형성되고 분화된 조직의 통솔을 위한 사회적 계급이 형성되었을 것으로 추정할 수 있다. 삼한시대 이래 통영은 고성과 거제에 속하기도 하고 일제하의 통영군 시절에는 거제를 아우르기도 하여 통영, 고성, 거제는 오랫동안 같은 경제권(經濟圈), 같은 문화권에 속했다. 일제강점기에는 남해안 수산업의 중심도시로 발전하여 마산, 부산, 삼천포, 여수 등지와 해상교통이 활발하였고 일본, 중국과의 무역항으로 각광받기도 했다.

통영이라는 지명은 선조 37년(1604년) 두룡포로 삼도수군통제영을 옮긴 것에서 유래한다. 통영은 조선조 중엽 임진왜란이 일어나기까지는 수많은 섬들을 거느린, 잘 알려지지 않은 작은 갯촌에 불과하였다. 그러나 임진왜란이 일어나자 격전지가 되었고, 세계 해전사상 유례를 찾기 힘든 한산대첩을 이룩한 승전의 성지로 이름나기 시작했다. 임진왜란이 끝난 뒤 1604

년 삼도수군통제영을 이곳으로 옮겨오고부터 통영이라 부르게 되었다. 이 때부터 하루가 다르게 도시가 발전하고 인구가 느는 등 모든 분야에서 변화를 가져와 이른바 통제영문화가 꽃을 피웠다. 특히 통영의 전통문화로 계승 발전시켜 오고 있는 각종 무형문화재를 비롯하여 유적과 유물, 전설, 민담, 민요, 풍속, 지명에 이르기까지 거의 모든 것이 임진왜란과 연관 지어져 있다. 그런 기틀이 통제영 시대에 다져졌으므로 통제영 시대의 문화를 통영문화의 원류로 치고 있다. 삼도수군통제영은 제6대 이경준 통제사로부터 제208대 홍남주 통제사에 이르기까지 293년간에 걸쳐 통영에 대변혁을 일으켜 놓고 1896년 폐영되었다. 통제영이 폐영됨과 동시에 고성지방대를 설치했는데(1907), 이때까지 통영은 행정상으로 고성현에 속한 두룡포(1617년부터 춘원면)였다. 1900년에 통영은 마침내 진남군이 창군, 고성의 품을 벗어나 독립하게 되었고, 1909년에는 용남군으로 이름이 바뀌었

으며, 1914년 3월 거제군을 통합하여 통영군이 되었다. 1931년에는 군내 통영면이 통영읍으로 승격되었다. 이어 1953년에는 거제군이 독립해 나갔으며, 1955년에는 통영읍이 충무시로 승격되면서 통영군과 나누어졌다.[16] 1995년 1월 1일 법률 제4774호로 충무시와 통영군을 통합, 통영시가 됨과 아울러 민선자치시대를 맞이함으로써 변화와 발전을 통한 새로운 통영시대가 열리게 되었다. 지금은 대전에서 통영 간 고속도로가 개통되어 서울 간의 공로(空路)와 함께 진주·대전·서울을 잇는 육로를 통한 남북 간의 교류가 더욱 활기를 띠고 있다.

최근 잃어버린 역사, 삼도수군 통제영이 복원되어 되살아났다. 1895년 고종32 갑오개혁 때 각 도의 병영과 수영이 없어질 때까지 조선 수군의 총본부였던 삼도수군통제영은 일제강점기에 들어 이곳 통제영 관아들을 없애고 그 자리에 학교. 법원, 검찰청, 세무서 등이 들어서며 민족정기말살정책이 펼쳐졌다. 그랬던 삼도수군통제영이 118년 만에 복원된 것이다. 조선시대 삼도수군 통제영의 대표적 건물, 세병관(국보 305호)을 제외한 나머지 통제영 관아는 100년 전 모두 사라졌다. 지난 2000년부터 시작된 복원사업이 2013년까지 13년에 걸쳐 진행되었던 것이 끝나 한산대첩 승전기념일에 맞춰 낙성식을 하고, 웅장한 모습을 드러냈다. 복원된 통제영 관아는 모두 30여 동, 세병관을 중심으로 좌우에 배치되었다. 통제사의 집무실이었던 운주당과 경무당 등 주요 관아시설이 오른쪽에 들어섰고, 왼쪽에는 수군이 사용했던 각종 무기와 관아의 생활용품 등을 만들었던 12공방도 고증을 통해 그대로 복원되었다. 또한 부속시설 서포루 및 성곽 등도 복원되었다.

조선 수군복 체험장
신발을 벗고 들어가세요

세병관

통영의 상징물인 세병관(洗兵館)은 조선시대의 관아로 2002년 10월 14일 대한민국의 국보 제305호로 지정되었다.[17] 이 건물은 1603년(선조 36) 충무공 이순신의 전공을 기념하기 위해 제6대 통제사 이경준(李慶濬)이 세웠다. 왜구의 침략을 막기 위해 두룡포에 설치했던 삼도수군통제사영의 중심 건물로, 궐패를 모시고 출전하는 군사들이 출사 의식을 거행하던 곳이다. 조선 삼도수군통제영 본영(三道水軍 統制營 本營)의 중심 건물로 창건 후 약 290년 동안 3도(慶想, 全羅, 忠淸) 수군을 총지휘했던 곳이다. 그 후 몇 차례의 보수를 거치긴 했지만, 아직도 멀리 남해를 바라보며 당시의 위용을 자랑하고 있는 지방관아 건물로서는 최고의 위치를 차지하고 있다.

세병관은 17세기 초에 건립된 목조단층 건물로 경복궁 경회루, 여수 진남관과 더불어 한국에서 가장 규모가 큰 건물에 속하고 이미 국보로 지정된

여수 진남관과 더불어 그 역사성과 학술적 예술적 가치가 충분하므로 국가지정문화재 '국보'로 승격·지정되어 보존하고 있다. 출입문에는 지과문(止戈門)이라 쓰여 있다. 웅장한 규모에는 수십 개의 아름드리 받침기둥이 넓은 객사를 떠받치고 있고, 마루는 수백 명의 군인들이 쉴 수 있을 만큼 넓다. 서까래의 단청이 견뎌온 세월을 말해주듯 퇴색해 있다. 앞면 9칸, 옆면 6칸의 단층 팔작지붕 건물로 진남관과 함께 남아 있는 군사용 건물 가운데 평면적이 가장 넓은 건물 중 하나이다. 지붕은 팔작지붕으로 용마루와 귀마루는 양성되어 있고 취두가 올려져있다. 평면은 정면 9칸, 측면 5칸으로 앞뒤에는 간살을 작게 잡은 퇴칸을 설치하였고 현재는 사방으로 개방되어 있지만, 원래는 평면의 기능에 따라 벽체가 설치되었다. 한때 통영초등학교로 사용되면서 건물 내부에서는 약간의 변화가 있었던 것으로 보인다. 건물내부에는 모두 우물마루가 깔렸는데 후면 내진주열 중앙에 주변 우물마루보다 약 45cm 정도 높은 단을 설치하여 궐패를 모시는 공

간을 마련하였고 그 위로 홍살을 세워 공간의 위계를 분리하였다.

세병관의 현판 글씨는 서유대(徐有大) 제136대 통제사가 썼다고 전해진다. '세병(洗兵)'이란 "하늘의 은하수를 가져다 피 묻은 병장기를 닦아 낸다"라는 뜻의 이름으로 당나라 시인 두보의 시 「세병마」에서 가져온 것으로 평화를 지키기 위해 병기(兵器)와 군마(軍馬) 등을 늘 충분히 정비함을 말한다. 또 "평화를 길이 지키다"등의 뜻이 내포되어 있으므로 나라의 안전과 평화를 지키기 위해 '강무(講武)에 힘쓰는 집'이란 의미로 볼 수 있다. 성인 남자의 키보다도 더 큰 현판의 글씨는 더 이상 전쟁이 일어나지 않는 평화로운 세계에 대한 열망이다. 반전이다. 세병관의 숨은 핵심은 비움의 미학이다. 전쟁 분위기를 없애는 데 있다. 즉 전쟁과 관련된 흔적과 부호의 비움이다. 병력, 색채, 소리 움직임 감각 그리고 욕망의 비움이다. 강함을 약함으로 격렬함을 우아함으로 첨예함을 따스함으로, 긴장을 여유로 바꾸어 결국에는 유에서 무로 다다르는 행위이다. 이 과정을 거쳐 끝내 드러나는 세병관의 공간은 형이상학적 의미로 볼 때 무한함과 복합성을 띤 곳으로 파악할 수 있다.

전쟁이란 남의 나라를 침략하려는 야욕에서, 또한 침략당하지 않으려는 필사의 방어(防禦)수단이다. 얼마나 전쟁이 지겨웠으면 무기를 씻어서 다시는 쓰지 않았으면 염원을 담았을 것인가? 거대한 모정과 같은 이곳에서 출정을 앞두고 잠시나마 발을 뻗고 편하게 쉬면서 심신을 달래며 재무장했으리라 짐작된다. 예나 지금이나 오랜 전쟁에서 벗어나 평화를 염원하는 마음은 다 같은 것이다. 오늘의 통영은 참혹했던 예전의 흔적도 없이 세계의 미항 나폴리가 부럽지 않은 그림 같은 아름다운 한려해상국립공원이 되었다. 푸르디푸른 물결 위에 크고 작은 섬들이 떠 있다고 자연이 만들어낸 수려한 경치와 희귀한 동식물들이 서식하며 수자원이 풍부하다. 관광유람선은 망중한(忙中閑)을 즐기며 떠다닌다. 산 정상에 쉴 틈 없이 케이블카가 관광객을 태워 나른다. 통영 앞바다는 수십 척의 요트가 큰 돛을 달고 유유히 물살을 가르며 떠다닌다.

:: 불멸의 영웅 이순신과 한산대첩

영웅은 도도한 역사의 진리와 가르침 앞에 겸손한 마음으로 삶을 일구는 진실한 사람들의 대지 위에서 꽃피는 것이다. 지금의 척박한 땅에서 이순신이라는 기적 같은 불멸의 영웅을 꽃피운 저 위대한 바다를 보면 그의 삶을 변함없이 일관했던 충(忠)의 가치를 깨달을 수 있다. 변화하는 시대정신이 무엇이든 그 어떤 철학과 사상에도 앞서는 인류 보편의 가치에 대한 신념이었다. 하여 이순신은 그토록 고통스러운 세상 속에서도 자신을 잃지 않고 당당할 수 있었다. 그의 삶이 오늘날에도 아니 앞으로도 불멸이 빛나도록 만드는 것은 그가 당대에 넘쳐나던 불의와 부조리에 타협하지 않았던 역사적 진실 때문이다.

이순신은 임진왜란이 발발하기 전까지는 변방의 이름 없는 무장이었다. 관직에 나아간 지 20년이 되도록 그는 미관말직을 전전하였다. 승진을 거듭하여 입신양명을 드날리던 지기들에 한참이나 뒤떨어진 관리의 삶을 살아가면서도 백성을 사랑하고 영내의 질서를 확립함은 물론 제장과 군졸 하나하나에 가족 같은 관심과 애정을 아끼지 않았다. 전쟁이라는 비상사태 속에서도 자신이 직접 힘든 훈련과 생활고에 신음하는 군졸과 백성을 돌볼 수 있었던 이유는 바로 아들이었다. 실제로 전쟁의 와중에 적의 칼날에 아들을 잃는 아픔을 겪었다. 그에 관한 문헌 속에서 만나는 백성에 대한 애정은 뼈를 깎는 상실의 아픔이 무엇인지 감내해 본 자만이 건넬 수 있는 애끊는 비가(悲歌)였다. 그는 무엇보다 목숨을 내놓은 채 직접 전투를 수행하느라 희생한 병사들을 각별히 대하였다. 그의 눈에 비친 어린 병사, 늙은 병사 모두는 자신의 피붙이와 다름없었기 때문이다. 전투를 마치고 돌아와 병사들을 돌보는 그의 애정이 가득 담긴 기록이 있다.[18]

… 그들은 탄환을 무릅쓰고 죽을 각오로 나아가 싸우다가 혹은 죽고 혹은 상한 것이므로 죽은 사람의 시체는 각기 그 장수를 시켜 작은 배에 실어서 고향으로 가서 장사지내게 하고 그 처자는 구휼하는 법전대로 시행하도록 하여 중상에 이르지 않는 사람들에게는 약품을 나누어 주고 충분히 치료하도록 하달했습니다.[19]

백성과 함께 죽고 살기를 함께 한 그였기에 무고한 참소를 받고 옥살이를 하러 길을 떠나려 할 때 인근의 백성들이 몰려와 울부짖으며, 그가 떠나면 남도의 백성들은 이제 누굴 믿고 사느냐고 자신들은 이제 다 죽었다고 통곡하며 그의 앞을 가로막았다고 전한다.[20]

통영의 핵심전투인 임진왜란은 1592년(선조 25년)에서 1598년까지 2차례에 걸쳐 왜군이 우리나라를 침략한 싸움이다. 임진년에 일어났기에 임진왜란이라고 한다. 조선 선조 때 당파싸움을 일삼느라 군의 기강이 흐려져 국방에 소홀한 틈을 타고 왜적이 침공(侵攻)하였다. 일본의 도요토미 히데요시는 세 확장을 노려 침략을 꿈꾸게 되었다. 처음에는 조선과 동맹을 맺는다는 핑계를 대며 15만 대군을 이끌고 전쟁을 일으켰다. 방어전을 펼친 전라좌수사 이순신 장군은 열악한 군사를 이끌고 대항하였다. 철갑을 두른 거북선을 만들어 적의 통로와 보급로를 차단하여 적선을 모두 격파했다. 이순신 장군은 울돌목의 좁은 해협과 거센 조류의 흐름을 이용하여 전투를 승리로 이끌었다. 이곳이 통영 한산도 앞바다에서 이룬 한산도 대첩(閑山島大捷, 1592년 8월 14일 선조 25년 음력 7월 8일)으로 세계 해전사에 기록된 쾌거다. 목숨을 두려워하지 않는 훌륭한 충신이 있었기에 승전할 수 있었던 것이다. 이 전투에서 육전에서 사용하던 포위 섬멸 전술 형태인 학익진을 처음으로 해전에서 펼쳤다. 당시, 견내량에 왜적선 70여 척이 들어와 있다는 지방주민의 제보에 의해 전투준비를 갖춘 이순신이 이를 섬멸하고자 당포를 떠나 수색전을 전개하던 중; 왜적선 2척을 발견하고 그 동태를 살펴보니, 왜적선이 황급히 도주하는 것을 주시하게 되었다. 그 후방을 본 후 그의 본대로 보이는 선박 50여 척을 발견할 수가 있었다. 이에 이순신 장군은 수하의 선박을 은폐시키고 5, 6척만으로 왜적 선에 접근시켜서 유인작전을 실시하도록 하였다. 수적으로 우세함을 안 왜선들이 추격해 오는 것을 기회로 위치적으로 적이 탈출하기 쉬운 장소에서 끌어내어 미리 계획했던 학익진전술로써 왜적 선을 공격하여 대승리를 거두었다. 이 작전은 아군의 규모를 기만하여 적을 유인 격멸한 작전이다. 400년 전의 상황과 지금의 무기체계와 감시능력 면에서 큰 차이가 있지만 과거나 현재나 기만의 가능성은 계속 남아 있으며 창의성에 의해 충분히 적을 기만할

한산대첩 장면, 민족기록화, 김형구 作

수 있다는 것이다. 외국의 역사가 헐버트(Hulbert, H.G.)도 "이 해전은 조선의 살라미스(Salamis) 해전이라 할 수 있다. 이 해전이야말로 도요토미(豊臣秀吉)의 조선 침략에 사형선고를 내린 것이다"라고 감탄하였다.

21세기를 살아가는 우리는 이순신과 같은 영웅을 갈구하는 지도 모른다. 400년 전 한 국가를 위해 목숨을 내걸고 싸우다 전장에서 산화하는 순간까지 변함없이 지켰던 정신은 무엇일까? 아마 애민(愛民)의 가치일 것이다. 동양의 전 역사를 통해 점멸했던 모든 철학과 사상과 인문을 꿰뚫는 총체적 가치다. 오늘날 우리는 이것을 '휴머니즘'이라 부르기도 한다. 시간과 공간을 넘어 최후의 순간까지 변함없이 빛날 최고의 가치로서의 애민은 자기 삶의 방향을 잃은 현대인들에게 삶이 궁극적으로 어떠해야 할지 길을 열어줄 것이다. 그리하여 진실한 삶의 자세로 당당하게 자기 삶의 주인공이 된 현대인들은 평화로운 마음으로 자신과 가족, 이웃을 사랑하여 기쁘게 살아갈 수 있다. 그리고 이렇게 변화된 현대에 우리 모두는 참된 공동체문화의 튼튼한 뿌리가 될 것이다.

매년 8월 중순에 통영시 일원에서 임진왜란을 승리로 이끈 한산대첩을 기념하고 이순신(李舜臣) 장군을 추앙하며 지역민의 화합을 다짐하기 위해 한산대첩축제를 개최한다. 이충무공의 한산대첩을 기리고 지역민의 문화 정체성을 강화하는 민속놀이 행사로는, 조선조에 경상·전라·충청 삼도의 수군(水軍)을 총집결시켜 거행하던, 오늘날의 해군 사열식 및 관함식에 해당하는 군점(軍點)의식을 위시하여 남해안별신굿, 승전무, 통영오광대 등이 베풀어진다.[21] 세계 4대 해전의 으뜸인 한산대첩을 기념하기 위해 1962년부터 매년 8월 통영시 일원에서는 한산대첩 재현 및 전통문화행사 등을 개최하고 있다. 1962년에 한산대첩기념제전이란 이름으로 시작한 이 지역축제는 그동안 '한산대첩축제'로 개칭되고 관광축제를 지향하여 현재까지 53회 축제를 치렀다. 원래 이 행사는 매년 10월에 개최됐는데, 2000년부터 임진왜란 당시의 실제 한산대첩일인 8월 14일 전후로 개최 시기를 바꾸었다.[22] 한산대첩은 세계 3대 해전에 견주어도 손색이 없고 세계 4대 해전에 당당히 포함됨에도 불구하고 아직 서양의 해전사에 익숙한 세계인들 사이에서는 한산대첩은 소개되지 않고 있다. 그 원인으로 통영시와 지역민들 스스로가 적극적으로 외국인들에게 알리는 노력을 소홀히 했기 때문이다. 세계적인 해상축제가 부재한 상황에서 지금부터라도 지역민들 모두가 가슴 속에 갇혀 있는 이순신 장군을 발견해내고 이를 60억 세계인들에게 감동을 줄 수 있는 세계적인 영웅으로 알려야 할 시기가 왔다. 얼마 전 통영을 방문했던 명성황후의 연출자 윤호진 교수는 그림 같은 절경들과 섬, 그 속에서 펼쳐내는 이순신 장군의 한산대첩은 가히 세계에서 유일한 축제라고 단언하였다.

:: 통제영 12공방과 장인정신

통영의 모든 예술 분야는 통제영이 이설되고 통영이 군사도시로 발전하면서 많은 군사와 인구가 유입되었던 17세기를 그 시원으로 삼아야 할 것이다.[23] 통영은 1604년 이경준 통제사가 통제영을 이설하면서부터 역사의 전면에 떠올라 300년의 통제영 문화를 꽃피우게 되었다. 통영은 작은 도시임에도 통영오광대를 비롯해 승전무, 남해안별신굿, 나전장, 갓일, 소목장, 염장, 두석장 통영소반 등 무형문화재로 지정된 것이 9종목이나 있다. 그 가운데 6종목이 공예와 관련된 것으로 통영은 그야말로 우리나라에서 보기 드문 전통공예의 산실이다. 통영공예는 조선 후기 통영지역에 설치된 통제영 12공방에 그 연원을 두고 있다. 12공방이라고 하면 열두 곳의 공방이 모여 있는 것이라 생각하기 쉽다. 그러나 이 때 12라는 숫자는 수학적인 의미가 아니라 수사학적인 의미다. 우리말에서 '아주 많다'는 의미로 12라는 숫자를 종종 쓸 때가 있다. 12공방 역시 정확하게 12가지로 분류되는 공방의 이름이 아니라 '온갖 공인들이 모여 있는 수많은 공방'을 가리킨다고 보는 편이다. 이 공방에서는 대규모의 조직적인 공방을 두어 군수품과 진상품을 만들도록 하였다. 12공방에서 생산되는 물건은 대부분 진상품과 군수품이었다. 임금님과 조정대신들에게 보내는 진상품과 군영에서 사용하는 군수품이라는 성격 때문에 12공방 장인들에 의해 생산되던 물건들의 품질은 당대 전국에서 손꼽을 만큼 우수하였다. 조선 정도(1776-1800)년간에 쓰인 것으로 추정되는 『통영지(統營誌)』와 1936년에 쓰인 『통영군지(統營郡誌)』에 쓰인 기록된 내용을 통해서 12공방에서 생산되던 물품을 확인할 수 있다.[24]

한 지역에 이렇게 여러 분야의 공인이 모여 조직적인 공방의 체계를 갖춘

것은 전국적으로 이례적인 것이었다. 18세기에서 19세기에는 이 공방에서 만든 제품들이 국내 전역뿐 아니라 중국과 일본에까지 그 명성을 떨쳤다고 한다. 기록으로 정리된 전성기 때의 12공방에서는 부채, 옻칠, 장석, 그림, 가죽, 철물 고리짝, 목가구와 생활용품, 금은 제품, 갓, 자개 등을 만들었다고 한다. 통제영 12공방에서 생산되던 다양한 종류의 물건들이 조선팔도에서 손꼽힐 정도의 우수한 품질로 명성을 얻다 보니, 이에 따른 폐단도 발생하였다. 그 예로 10대 통제사인 우치적이 사사로이 12공방의 장인들을 시켜 각종 기구를 제작하게 하여 그것들은 뇌물로 사용하였다는 기사가 조선왕조실록에서 확인되었다.

> 난리를 겪은 뒤의 방어책은 해변보다 막중한 곳이 없기 때문에 조정이 특별히 통제영(統制營)을 설치하여 삼로(三路)의 군병을 겸하여 거느리면서 뜻밖의 사태에 대비하게 하였으니, 그 의도가 참으로 범연한 것이 아니었습니다. …(중략)… 군기를 갖춘다는 핑계 하에 삼로(三路) 열읍의 재능이 있는 공장(工匠)들을 모두 모아놓고서는, 각종 기구를 제작하게 하여 남에게 뇌물을 써 명예를 구할 터전을 삼고 있습니다. 듣는 사람들이 모두 놀랍고 분하게 여기지 않는 이가 없습니다. 통제사 우치적(禹致績)을 파직한 뒤 추고하여 그 나머지 사람들을 경계시키소서. …(중략)[25]

조선후기 실학자인 이규경 역시 『오주연문장전산고(五洲衍文長箋散稿)』권 40의 「팔로이병변증설(八路利病辨證說)」에서 "통제영을 이곳에 둔 것은 군사를 길러 유사시를 대비하는 것인데 오로지 백공(百工)을 길러 서울의 권문세가가 구하는 것만 만들고 있으니 통제영 설치의 처음 뜻과 크게 위배되며 병이 이미 고황(膏肓)까지 이르렀으니 마땅히 대책을 세워야 한다."라고 하였다.[26]

무엇인가를 만드는 일에 남다른 재로가 있어 뛰어난 솜씨를 발휘하여 이를 업(業)으로 삼는 사람들을 우리는 '장이' 또는 '쟁이'라고 부른다. 또 장인(匠人)의 사전적 의미는 '장색(匠色)'과 같은 말로 여러 가지 물건 만드는 것을 업으로 삼는 사람이다.[27] 장인과 동일한 의미로 사용되는 유사 용어로 '공장(工匠)', '바치', '쟁이' 등을 들 수 있다. 공(工)은 고묘하게 하고 손을 수고스럽게 하여 기물을 만드는 자를 말하며, 장인은 백공(百工)을 통칭하는 말이라 하였다.[28] 또 '백공'은 본래 관(官)이나 공(工)을 모두 포함하여 부

르는 넓은 의미이며 각종 직공에 종사하는 모든 사람을 말한다. 그러므로 장인은 단순히 물건을 만드는 솜씨에만 국한된 사람이 아니다. 수많은 반복과 오랜 경험의 수련에 의해 장인의 솜씨는 경지를 초월하게 된다. 이때 나타나는 경지는 누구도 흉내낼 수 없는 예술미의 완성에 이르는 것이다. 결과적으로 본다면 장인은 그 호칭이 어찌 불리든 간에 수공업시대에 있어

서는 생활문화를 형성하는 조형의 세계를 지배해왔고 오늘의 훌륭한 문화적 유산을 창출해 온 주역이었음은 두말할 나위가 없다. 그리고 장인이 만든 모든 무형문화재는 전통의 계승이며 동시에 미래문화의 창조이다.[29]
우리나라에서 장인의 쇠퇴는 18세기 말에 일어난 산업혁명의 영향으로 종래 장인들에 의해서 조형의 세계를 통제해왔던 기능이 새로 대두된 기계에 의해서 박탈당하였으므로 자본가의 고용 노동자로 전락하게 되었다. 이처럼 장인들은 그 사회를 지배하였던 사상이나 환경에 많은 영향을 받는다는 것은 너무나 당연하다. 장인의 사회적 역할은 주로 신들에게 바쳐지는 물건이나 왕족의 기념비, 즉 왕들의 숭배에 쓰는 물품을 만드는 일에 강요당했고, 그들의 솜씨보다는 노동의 수요를 필요로 하였던 것도 사실이다. 그러나 동서양의 사상적 배경이 비록 다르다 해도 장인들의 본질적인 기질은 인간을 위한 정성과 인고의 노력이 함께하고 있음을 볼 수 있다. 그들이 남긴 찬란한 문화유산과 정신은 오늘을 이어준 주역이었다는 사실 또한 알 수 있다.

통제영 12공방은 한국전통공예의 지속과 단절 그리고 재탄생이 이루어졌던 역동적인 역사적 공간이다. 12공방의 옛 장인들은 우리나라 수공업 시대에 있어서 생활문화를 형성하는 조형의 세계를 지배해왔고, 통영의 훌륭한 문화적 유산을 창출해 온 주역들이었다. 12공방은 고종 32년(1895) 통제영이 폐영될 때까지 지속되었으며, 공방의 장인들은 뿔뿔이 흩어지고 몇몇 장인들이 개인공방을 차려 통영공예의 맥을 잇게 되었다. 그 맥은 오늘에 이어져 통영의 전승공예로 계승되고 있다. 현재 통영공예는 국가지정 4명(갓일, 나전장, 소목장, 두석장)의 중요무형문화재와 경상남도 지정 1명의 시도무형문화재, 그리고 섭패가공 장인, 나전칠기 장인 등 많은 공예인들

이 활동하고 있다. 최근에 와서 통영지역 12공방의 장인(匠人)정신과 전통 명품을 만드는 장인들의 대(代)가 끊길 위기에 놓여있다. 과거의 12공방 장인들은 하나의 작품을 제작할 때 처음부터 작품을 완성하여 마무리까지 기예(技藝)를 발휘하여 자신의 예술성을 마음껏 선보였었다. 그러나 현대에 와서는 상품의 대량화의 기계생산으로 인해 전통적인 장인의 기술이 사라져가고 있기 때문이다. 이제 우리는 통제영 12공방 장인정신을 일깨우고 현대사회에 맞는 새로운 장인의식을 지역 내 전통산업, 특히 공예산업의 가치를 되찾고 집중할 필요가 있다.

갓일(중요무형문화재 제4호)

갓은 조선시대 성인 남자들이 외출할 때 반드시 갖추어야 할 예복 중의 하나로 원래는 햇볕, 비, 바람을 가리기 위한 실용적인 모자였으나 주로 양반의 사회적인 신분을 반영하는 용도로 사용되었다. 갓은 넓은 의미로 방갓형과 패랭이형 모두를 말하는데 일반적으로 흑립·칠립·평립이라고 부르며 갓 일은 갓을 만드는 과정을 말한다.

나전장(중요무형문화재 제 10호)

나전칠기 하면 통영, 통영 하면 나전칠기의 고장이다. 나전을 풀이하면 소라 라(螺), 비녀 전(鈿)이라 한다. 다만, 금이나 은판을 오려 붙인 것은 따로 평탈(平脫)이라고 부른다. 1995년 나전칠기장(중요무형문화재 10호)·끊음질(중요무형문화재 54호)·주름질이 합쳐져 나전장으로 지정되었다. 나전이라는 말은 한국·중국·일본에서 공통적으로 쓰이는 한자어이며, 우리나라에서는 예로부터 '자개'라는 고유어를 써 왔다. 따라서 그 만드는 일을 '자개박이' 또는 '자개 박는다'라고 일컫는다. 나전기법은 기물에다 무늬를 나타내는 대표적인 칠공예의 하나이다. 그러한 장식법은 한국·중국·일본을 비롯하여 버마·타이 등 동남아시아 여러 나라를 포함한 아시아 일원에 널리 보급되어 있으며, 지역에 따라 각기 독특한 성격을 가지고 있다.

소목장(중요무형문화재 제24호)

소반(小盤)이란 음식을 올려 먹을 때 음식 그릇을 올려놓는 작은 상으로서, 다리와 판으로 이루어진 것이다. 소반을 만드는 기술 또는 그 장인을 일컬어 소반장이라 하는데, 소반장은 목제의 세간들을 만드는 소목장(小木匠)에 속한다. 소반은 목가구 중에서 가장 지방적 특색이 짙은 공예품이며, 특히 '통영소반'은 전남 나주의 '나주반', 황해도 해주의 '해주반'과 함께 유명하다.

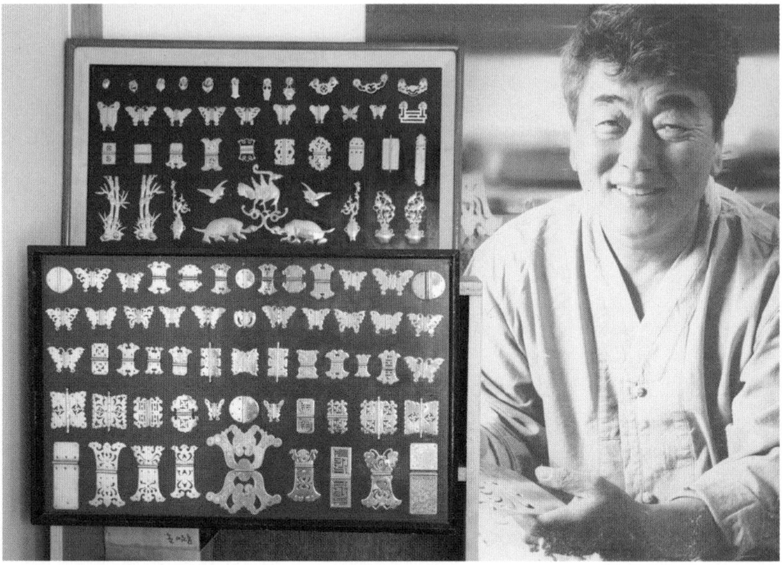

두석장(중요무형문화재 제64호)

두석장은 구리와 주석을 합금해 황동(놋쇠) 장식을 만드는 장인이다. 목가구의 결합 부분을 보강하거나 여닫을 수 있게 하는 경첩, 자물쇠 등의 금속제 장식을 장석이라고 한다. 장석은 목공품과 같은 생활용품을 제작할 때의 기능의 필요성에 의해 목공예품 몸체에 부착하는 금속재료의 장식을 통틀어 말한다. 따라서 장석의 장인을 예전에는 두석장(豆錫匠)이나 장석장(裝錫匠)이라고 불렀다.

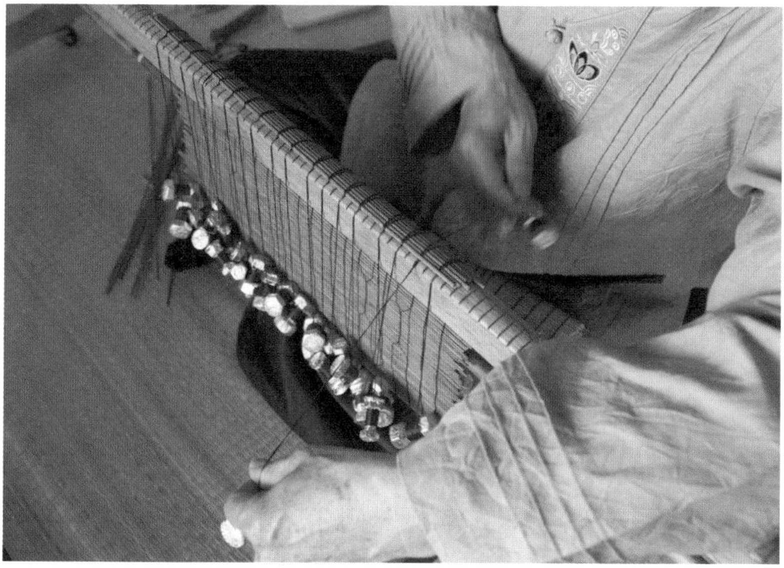

염장(중요무형문화재 제114호)

염장(簾匠)이란 발을 만드는 장인을 말한다. 발은 가늘게 쪼갠 대오리나 갈대 등을 엮어서 구들이나 상방 등에 문 대신 달아 햇빛이 직접 들어오는 것을 막으면서 바람을 통하게 하는 생활용품을 가리킨다.[30] 발의 재료에는 대나무(대나무발), 갈대(갈대발), 겨릅(겨릅발), 달풀(달발) 등이 사용된다. 전통가옥인 한옥에서의 생활에는 발이 필수품이었다. 발은 삼국시대부터 많이 사용됐지만, 1970년대 이후 한옥이 사라지면서 그 쓰임도 많지 않아 급속히 수요가 줄어들면서 발을 만드는 사람이 거의 없는 실정이다. 오늘날에는 전남 담양과 경남 통영 등 일부 지역에서만 만들고 있다.

통영누비

'누비'라는 말은 '깁는다'는 원래의 의미가 변하여 '누빈다'는 바느질 기법을 뜻한다. 안팎을 맞춘 두 겹의 옷감 사이에 솜이나 종이와 같은 충전재를 두거나 혹은 두지 않고 곧은 줄이 지도록 촘촘하게 홈질 또는 박음질한 것이다. 통영누비는 전통의 손누비를 현대에 알맞게 계승하여 한 줄 한 줄 일일이 재봉틀로 누빈다. 자연의 아름다움과 만든 이의 정성을 섬세하게 표현할 수 있어 최고의 예술품을 생활 속에 옮겨 놓았다는 평을 받고 있다. 더욱이 그 색상이 아름답고 기하학적인 누비문양이 정교하며, 뛰어

난 품질을 자랑한다. 견고하여 반영구적으로 사용할 수 있기 때문에 통영누비라는 이름 자체가 고유명사로 여겨질 만큼 많은 사람들로부터 그 품질을 인정받고 있다. 초대 삼도수군통제사 이순신 장군은 수군들의 군복을 제작하였다고 전한다. 또 통제사 관료들과 부인들의 옷, 어부들의 방한복으로 손에서 손으로 이어졌다. 현대의 통영누비는 전통을 지키면서 실용성과 아름다움을 적절히 융합하여 침구류, 가방류, 의류, 패션소품 등 다양한 제품으로 발전되고 있다.

2 통영의 전통예술을 보다

:: 현세구복(現世求福)적 신앙의 발현, 남해안별신굿

굿은 우리 고유의 공동체적 신앙의식으로 제의를 중심으로 춤, 노래, 기악, 문학, 극, 미술, 의복, 음식 등 종합예술로 한국전통예술의 전통문화의 모태라 할 수 있다. 하늘과 바다에 풍어와 안전을 기원하는 남해안별신굿(중요무형문화재 제82-라호)은 경상남도 통영시와 거제도를 중심으로 하여 한산도·사량도·갈도 등의 남해안지역에서 행하여지는 마을굿이다. 보통 3년에 한 번씩 굿을 벌이는데 별신굿의 '별신'은 현지에서 '별손·벨손·벨신' 등으로도 불리는데, 이 굿은 개(바다)를 먹이는 굿이라 한다. 약 200년 전부터 풍어와 해상안녕을 기원하고 마을을 태동시킨 윗대에 감사하는 남해안별신굿은 마을의 대동단결과 화합, 그리고 섬을 찾은 이들까지도 함께하는 축제다. 통영지역 여러 섬에는 이런 행사가 진행돼 왔으나 명맥이 끊어지고 한산면 죽도 섬에서만 맥을 이어 매년 풍어 등을 기원하고 있다. 이러한 마을 굿은 마을의 역사와 내력을 풀어내어 자신들의 정체성

을 확인하면서 언제 다가올지 모를 액을 막아내는 주술적이며 동시에 사회적인 집단행위이다. 여기에는 주술 종교적 풀이와 막음의 제의로서의 성격뿐만 아니라 사회적 정치적 풀이와 막음의 역할, 그리고 민속예술의 발전까지도 이루어내었다. 남해안 별신굿은 아직까지 이런 마을굿의 의미를 잘 보존하고 있는 동제로서, 현재 그 전승에 어려움을 겪고 있지만 다른 굿에 비해 뚜렷한 특징을 가지고 있어 전승의 의미가 크다고 할 수 있다.

남해안별신굿은 세습무의 굿이다. 굿은 무당이 이끌어 진행하는데 무당은 무인(巫人)·무(巫)·무격(巫覡)·무녀(巫女)·단골·심방이라고도 하며, 특히 남자무당을 지칭할 때는 격(覡) 또는 박수, 화랭이라고도 한다. 『주자어류朱子語類』에 의하면 '무'는 춤을 통하여 신을 접하기 때문에 공(工)자의 양

측에 두 사람이 춤을 추는 형상을 취한 '巫(무)'자를 쓰게 되었다고 하였다. 이처럼 무당은 춤으로써 무아의 경지에 돌입하여 신과 접하게 되고, 인간의 소망을 신에게 고하고, 또 신의 의사를 탐지하여 인간에게 계시해 주는 영매자(靈媒者)로서의 구실을 한다. 그 유형을 크게 강신무(降神巫)와 세습무(世襲巫)로 나누는데 강신무는 강신체험을 통하여 된 무당으로서, 우리나라 중부 및 북부지방에 많다. 그 주된 기능은 강신으로부터 얻은 영력으로 점을 쳐서 미래사를 예언하고, 제의 때는 사제인 동시에 그 몸에 신이 실려서 신격화한다. 세습무는 혈통을 따라 사제권이 대대로 계승되는 무당으로 성무의 동기는 사제권의 인위적인 세습에 있다. 이러한 무당은 남부지방에 우세한데, 주된 기능은 영력과 관계없이 제의를 집행하는 사제의 구실이다.

세습무로서의 남해안별신굿은 무당의 노래와 춤이 뛰어나고 반주악기에 북이 첨가되는 것이며 굿의 진행과정에서 무당이 악사와 주고받는 재담이

드물고 사설이 없고 굿이 진지하다. 굿 중간에 북을 치는 고수와 이를 지켜보는 마을 사람들이 함께 놀이마당을 이룸으로써 공동체적 의식을 강화하는 종교·제사적 의미와 함께 신앙의 신뢰성이 뛰어난 작품이다. 진행과정을 살펴보면 들당산(당산굿), 굿장모댁 부정굿, 산신제, 일월맞이굿(칠성굿), 골매기굿, 용왕굿, 부정굿, 가망굿, 제석굿, 선왕굿, 망석놀림, 큰굿으로 진행하며 나흘간의 별신굿으로 끝을 맺는다. 특히 무악에서 동해안 별신굿과 다른 점은 삼현육각으로 이루어진다는 점과 한 거리굿의 시작과 끝에 반드시 청신악(請神樂)과 송신악(送神樂)을 불어준다는 특징이 있다.

필자는 남해안별신굿 중 '용선놀음'의 화려한 춤과 영혼이 담긴 소리, 음악에 항상 매료된다. '용선굿'이라고도 하는데, 용을 형상화한 용선에 영혼을 싣고 저승세계로 무사히 가는 것을 놀이와 춤으로 표현한 것으로 살아있는 자에게 명과 복을 주며 액을 거두어가는 굿이다. 춤은 용선과 승방의 대무로 구성된 것으로서, 인간의 세계와 천상의 세계를 중재하는 승방이 천상의 동물인 용을 이끌고 이승에 내려와 모든 액을 거두고 이승의 사람들에게 복을 나누어 주는 춤이다. 엄숙하면서도 화려하게 신성의 위엄을 자랑하는 용과 조화로이 어우러지는 승방의 몸짓이 뭐라 표현할 수 없는 미의 극치를 이룬다. 굿은 인간과 자연이 동시 치유되어야 할 대상임을 일깨우는 일이며, 죽음의 터전이 되어 끔찍한 기억에 몸서리치는 죽은 땅을 살리는 제의(祭儀)이기도 하다. 종교적인 관점에서 현대인들은 굿을 부정적 시각으로 볼 때도 많지만 우리 문화 중 하나이며, 보편적 인류 무형유산[31]에 포함된 만큼 종교적인 관점이 아닌 하나의 문화재로 접근해야 한다. 그리고 유구한 역사를 지닌 남해안별신굿 문화의 가치를 재발견하고 새롭게 조명해야 할 필요가 있다.

:: 이순신 장군의 춤, 승전무

승전무(중요무형문화재 제21호)는 임진왜란 때 이순신 장군이 싸움에 나가서 승리하고 돌아올 때마다 북과 칼을 휘두르며 승리를 노래한 춤이라 해서 승전무(勝戰舞)라 이름한 것이다.[32] 또 삼도수군통제사의 영문인 지금의 세병관에서 하례와 군점(軍點)[33]에서 춤을 추게 했으며, 공의 전사 후 충무공의 춘추향사(春秋享祀)와 탄신제에 현무하였다. 승전무를 출 때는 반드시 북춤과 칼춤을 추었는데, 이 두 개의 춤은 어느 장소에서 연희되든지 간에 항상 함께 추었다.[34] 옛날엔 양식을 갖춘 춤이 교방청(敎坊廳)의 관기에 의해서 전수되는 일이 많았는데 통영에는 교방청이 있었고, 삼도수군통제사가 있었다. 임진왜란 때는 병졸들의 사기를 돕기 위해서 병선에서 북춤과 칼춤을 추게 했고 싸움에서 승리를 거두었을 때도 북춤과 칼춤이 있었으니 승전무란 이름은 당연한 것이다. 관기들의 화려한 의상과 힘차고 박력이 넘치는 북춤과 유현한 칼춤은 승전의 환희를 나타내고 있어 군사

들의 사기를 충전시키는 효과가 컸을 것으로 짐작된다. 춤의 전체적인 특색은 전아하고 고결한 무태와 우아한 가락으로 이루어져 있으며, 춤의 구성면에서도 매우 정돈되어 짜임새가 있고, 의상과 무구에도 궁중무와 흡사한 춤으로 예술적 가치가 충분한 전통성을 내포하고 있는 우수한 춤이라 할 수 있다.

승전무의 북춤은 고려 충렬왕(忠烈王) 때 무고(舞鼓)로부터 발단하여 조선 말엽까지 내려온 궁중 무고형의 전수와 전통을 이어받은 춤으로 임진왜란 기간에 승리를 축하하는 승전 축하무로 추었다고 전해진다. 그 유래를 명확하게 밝히기는 어려우나 삼도수군통제영이 통영에 설치되었을 때 궁기제도에 의거하여 악사를 양성하는 취고수청(吹鼓手廳)이 있었고 도 기녀를 육성시키는 교방청이 설치되어 있었던 기록들을 미루어 이곳에서 연희되었다고 짐작한다. 이 증거는 충무공의 난중일기를 살펴보면 임진년(壬辰年:1592) 2월과 다음 해 5월의 기록에서 진중이나 병사들의 숙소 등에서 기녀들의 춤이 있었던 것을 발견할 수 있다. 이것에는 정확하게 북춤을 추었

다는 문구는 없으나 적시(赤是)나 진중이나 병선 상에서 기녀들의 춤이 있었던 것을 말해주는 실증이다.[35] 북춤은 원무(元舞)와 협무(挾舞)고 구성되어 있는데, 원무는 중앙에 북을 놓고 적·청·흑·백의 쾌자(몽두리)를 입은 네 사람의 무원이 동서남북으로 갈라져 서서 북을 울리며 추는 춤을 원무라 부른다. 이 원무는 북춤의 주된 역할로 춤출 때 되돌아서서 북을 울리는 것은 높은 기상을 뜻하는 원무 4인은 장군을 상징하며 동서남북을 상징한다. 협무는 바깥을 에워싸고 돌면서, 창사를 부르는 12인을 말한다.

칼춤은 무속 등 원시 종교적 의식에 뿌리를 두고 있다. 고대의 벽화나 기록 등을 보면 종교무용이나 수렵무, 무기무로서 검무의 흔적을 엿볼 수 있다. 그러나 문헌상 구체적으로 나탄 것은 신라시대의 것으로 오늘날 추어지고 있는 검무의 기원은 신라시대에서 비롯된 것으로 추측된다. 신라시대에 관한 기록은 신라시대에 동자들이 가면을 쓰고 양손에 칼을 들고 추던 춤이었으며 특히 신라 화랑 황창랑(黃滄浪)이 백제 왕궁에서 추었다는 기록이 전해지고 있다. 고려 때는 가면무로서 처용무와 함께 연희되기도 하였고, 조선시대 이르러는 궁중정재로서 그 자리를 잡는다. 그러나 궁중정재로 추어진 검무는 진찬의궤, 신연의궤, 정재무도홀기 등의 문헌을 통해 그 기록을 볼 수 있지만 그 내용이 자세하지 않고 춤사위에 대한 설명이 추상적이기 때문에 재현에 어려움이 있다. 지금 추어지고 있는 승전무의 칼춤은 여기무로 변모되어 북춤과 더불어 연희되면서 조선조 말엽에 교방제도가 폐지될 때까지 추어오던 춤이다. 즉, 임진왜란 때 삼도수군통제영 산하의 취고수청, 교방청, 악공조합 등에서 양성되어 통제영 병사들의 사기앙양을 위해 병선 위와 진지에서 추어졌다.[36] 오근춤사위로 내향적이며 조직적이고 섬세하며 우아하고 아기자기한 멋을 자랑한다. 그 예술적 가치는 조선시대 통영에 삼도수군통제영이 설치된 이후 구한말의 영문에 예속되어 있던 교방청의 기녀가 추던 춤으로, 지금까지 전승된 경로와 계보가 정확하고, 통영지방에 토착화된 향토색이 짙은 민속춤의 성격을 지니고 있다는 것이다. 북춤은 원무가 북을 치며 창을 부르고 협무 12인이 호위하듯 원무를 감싸 돌면서 함께 창을 부른다. "지화자"라는 후렴과 함께 하는 창의 내용을 보면 진중의 공간, 병선 출항의 흥겨운 뱃노래, 충무공의 공덕을 찬양, 승전의 즐거움, 병사들의 사기를 높이는 내용으로 구성되어 있다. 칼춤은 협소한 연희장소에서 출연되어 온 탓으로 무무(武舞)적 특질에서 내향적인 세심한 춤사위로 변화되어 다른 지역의 칼춤과 차별성을 보인다. 이 충무공의 유서 깊은 사적과 결부되어 장구한 기간을 면면히 전승된 춤인 승전무가 일본의 문화말살정책에도 불구하고 오늘날까지 승전무가 계승 발전되어 올 수 있었던 것은 통영사람들이 승전의 역사를 사랑했기 때문일 것이다.

:: 선조들의 삶이 녹아내린 신명의 춤, 통영오광대

'탈춤'은 탈을 쓰고 추는 춤으로 비판 정신과 사회문제 등 우리 선조들의 삶의 방식들이 녹아내린 춤이다. 인간은 그것을 쓰고 그 역할의 인물이 되어 연기하고 춤을 추었다. 표현의 자유가 없었을 때 탈은 또한 좋은 면책 특권이었다. 억압받는 피지배계층은 탈춤을 통해 지배층을 가차 없이 비판하고 조롱하며 즐거워했다. 통영오광대(중요무형문화재 제6호)는 경상남도 통영시에 전승되고 있는 탈놀이로 다섯 광대, 즉 다섯 가면을 쓴 등장인물이 연희하는 놀이란 뜻이다. 여기에서 다섯을 뜻하는 오(五)는 오행설(五行說)에 바탕을 둔 것인데 통영오광대는 다섯 과장으로 구성된 점이 특이하다. 통영은 남해안 중앙에 돌출한 통영반도의 남부에 위치하고 있으며, 조선 후기 도시의 성장을 배경으로 오광대가 형성, 발달하였다. 통영오광대는 거의 종교적인 의식(意識)이 없이 오락적인 놀이로 연희되고 있다. 연출형태는 우리나라의 다른 가면극과 같이 춤이 주가 되며 동작과 재담(臺

詞)과 노래를 곁들인다. 배역은 31역인데 문둥이·말뚝이·원양반·둘째양반·홍백양반·비틀양반·곰보양반(손님탈)·검정양반(흑탈)·조리중·팔선녀(8)·영노·영노양반·할미양반(영감)·할미·제자각시(작은어미)·상좌(2)·봉사·상주(2)·포수·몽돌이(끝돌이)·사자·담비 등이다.

통영오광대의 다섯 마당의 제1과장은 문둥탈로서 문둥이의 생애와 한(恨)을 표현하면서 양반에 대한 풍자적인 요소가 가미된 것이 특징이다. 제2과장은 풍자탈로서 말뚝이와 갖가지 양반들이 등장하고 그 양반을 조롱하는 내용이다. 다른 탈놀음에 비하여 양반에 대한 풍자와 조롱이 심하게 표현된다. 제3과장은 영노탈로서 양반의 비굴함과 교활함을 나타내고 있으며, 영노라는 상상동물을 통하여 양반에 대한 풍자와 모욕을 가한 것이다. 제4과장은 농창탈로서 처첩관계(妻妾關係)에서 야기되는 가정비극을 표현한다. 이것은 다른 오광대의 파계승을 풍자하는 중마당과 처첩관계로 인한 가정 비극을 표현한 영감·할미마당이 합쳐진 격이다. 제5과장

은 포수탈로서 원래 벽사진경(辟邪進慶)의 의식무로서 사자춤이 있는데 후대에 포수가 등장한 것으로 보인다.[37] 통영오광대도 다른 탈춤과 같이 풍물패를 앞세우고 사람들이 사방으로 돌아다니면서 함께 놀게 된다. 이때 노래하고 춤을 추고 흥겨워하면서 신명이 발현된다. 신명풀이로서의 탈춤은 '지금 이곳'에서 얻을 수 있는 구체적이고 생명력을 지닌 신명을 통해 삶의 긍정을 얻게 된다. 한 사람 두 사람 판에 들어가다 보니 이제는 누가 놀이꾼이고 누가 관객이었는지 모른다. 보는 이들에게도 흥을 돋워 모든 대립적인 요소를 한자리에 불러 모아 응어리진 한과 고통을 풀어헤침으로써 이를 해소시킨다. 그 속에 그 시대를 살아가던 사람들의 정신세계와 현실세계가 풍성하고 깊이 있게 그려져 있다. 이것이 탈춤의 생명력이다. 우리 조상들의 현실 극복의 지혜와 갈등을 해소하고 하나 되게 하는 대동의 원리가 숨어져 있다. 서로 다른 사람들의 구별이 없는 어우러짐으로 슬

기로움이 깃든 공동체 의식의 실천인 것이다. 통영오광대를 비롯한 모든 탈춤이 오늘날에도 계속 추어야 하고 미래에도 계승 발전시켜야 하는 이유가 여기에 있다.

3 통영의 문학을 읽다

:: 아픔의 삶을 경이의 예술로 이끌어낸 작가 박경리

작가가 현실을 인식하고 그것을 예술적으로 형상화함으로써 나타나는 예술작품은 작가와 외부세계의 관계를 함축하기 마련이다. 작가의 사상은 삶과 자기 시대의 문제들을 보는 작가의 의식적 견해인 동시에 이 문제들을 작품 속에서 이해하고 묘사하는 것으로 인식할 수 있다. 작품 속에 형상화된 외부세계, 즉 현실의 모습은 작가의 사상을 반영한 것으로 볼 수 있다. 이것은 작중 인물들의 사고와 행위를 통해서 보다 선명하게 드러난다. 박경리(본명 박금이, 1926–2010)는 1926년 10월 28일 경상남도 통영에서 출생, 1945년 진주고등여학교를 졸업하였다. 1950년 수도여자사범대학 가정과를 졸업한 후 황해도 연안여자중학교 교사로 재직했다. 2008년 5월 향년 82세로 타계한 선생은 자신의 작품 속 여인들만큼이나 굴곡 많은 생애를 살았다. 행복했다면 문학을 하지 않았을 것이라는 그녀는 창작을 하는 까닭은 슬프고 괴롭기 때문이고 위대한 문학가가 되기보다 차라리 인간으로 행복하고 싶다고 하였다. 그러나 그녀의 파란만장한 삶은 그의 문학을 단련시킨 원동력이 되어 비극적인 자기의 삶 속에서 진정한 자아를 찾기 위한 수단으로 작품을 써내려 갔다.

18세에 박경리를 낳은 아버지는 조강지처를 떠나 재혼했고, 어머니는 그런 남편에게 미련을 거두지 못했다. 그녀는 '나의 문학적 자전'(1984)이란 글에서 "어머니에 대한 연민과 경멸, 아버지에 대한 증오, 그런 극단적 감정 속에서 고독을 만들었고 책과 더불어 공상의 세계를 쌓았다"고 성장기를 회고하였다. 그녀는 통영군청 공무원으로 일하다 1946년 전매청 서기였던 김행도(金幸道)씨와 결혼을 하게 된다. 그러나 곧이어 6·25 전쟁 중 남편과 아들을 잃고 외동딸 영주를 홀로 키우며 절망스런 20대를 보낸다. 셋방살이를 하며 은행에 다녔던 그녀는 친구의 도움으로 소설가 김동리를 찾아가 두세 편의 습작 시를 보여주는데 이때 시인은 "상은 좋은데 형체가 갖춰지지 않았다"고 평가했다고 한다. 이후 김동리는 그녀에게 "시보다 소설을 써보는 것이 어떻겠느냐"고 권유했고 이를 받아들여 쓴 단편 소설 『계산』이 김동리의 추천으로 1955년 8월 '현대문학'에 실리면서 작품 활동을 시작했다.

박경리의 초기 소설에 나타나는 인물들은 하나같이 슬픔과 고독 속에 몸부림치고 있다. 해방과 6·25와 같은 역사적 격변기에 남성보다 상대적으로 열악한 위치에 놓여 있는 여성들의 인간적 존엄이 무참히 훼손되는 상황을 그린 작품들이 많다. 이 시기를 가로질러 오면서 작가는 남편과 자식을 동시에 잃는 불행을 겪게 되는데, 이런 가족공동체의 해체로 작가는 심각한 실존적 위기를 맞는다. 작품 『표류도』는 1950년대 작품이면서

박 경 리
Park kyongni

작가의 자전적인 요소를 중심으로 여성 가장을 형상화한 소설이다. 앞서 발표된 『불신시대』의 경우 아이를 잃은 후 종교의 타락과 인간 정신이 물화되어 가는 현실을 비판하며 썼다고 작가가 밝힌 바 있다.[38] 『불신시대』와 『표류도』, 『흑흑백빅』 등 당시 작품에서는 주로 남편과 아이를 잃은 전쟁미망인이 속물화된 세계에서 그의 내면성이 더 훼손되는 양상을 그리고 있다. 이 시기의 작품의 자기반영적인 성격은 당연한 것인지도 모른다. 박경리 초기 작품의 개인적인 처참한 비극성은 그 비극성을 통해 인간존재에 대한 가치를 모색해 볼 수 있는 길을 열고 있다. 박경리 문학의 특징으로 운명에 대한 끈질긴 집착을 들 수 있다. 대를 잇는 불행은 태어날 때부터 정해진 인생의 수준을 밟는다는 시대적 상황과 그 당시의 민중들의 가치관이나 풍습에서 근원을 찾는 합리성이 아니고 눈에 보이지 않는 인연의 끈에 의해 인간들은 그렇게 살아지는 것이라는 운명론자적 입장이 그것이다.[39] 『김약국의 딸들』에서 가장 극명하게 그러한 운명적 불행의 모습을 찾을 수 있다. 지금의 통영을 배경으로 설정해 놓고 고종이 등극한

1864년부터 대동아 전쟁전야에 해당하는 1930년대 이전 식민지 정책이 극도에 달한 무렵까지를 소설의 무대로 삼아 김약국이라 불리는 김성수 집안의 3대에 걸친 운명적 불행과 비극적으로 몰락해 가는 가족사를 이야기하고 있다. 박경리는 첫 장에서 격변하는 통영의 속성을 장황하게 그려가면서 김약국 집안의 경제적 몰락이 공간적 배경에 근거한 필연적 운명임을 암시하였다.

통영은 다도해 부근에 있는 조촐한 어장이다.(중략)그래서 대부분의 주민들은 자연 어업에, 혹은 어업과 관련된 사업에 종사하고 있었다. 일면 통영은 해산물의 집산지이기도 했다. 통영 근처에서 포획하는 해산물이 그 수에 있어 많기도 하거니와 고래로 그 맛이 각별하다 하여 외지 시장에서도 비싸게 호가되고 있으니 일찍부터 항구는 번영하였고, 주민들의 기질도 진취적이며 모험심이 강하였다. 이와 같은 형편은 조상 전래의 문벌과 토지를 가지고 있는 지주층들[40]이 어장을 경영하여 수천금을 잡은 어장아비들의 진출이 활발하였다. 어느 정도 원시적이기는 하나 자본주의가 일찍 형성되었다. 그 결과 투기적인 일확천금의 꿈이 횡행하여 경제적 지배계급은 부단한 변동을 보였다. 실로 바다는 그곳 사람들의 미지의 보고이며 흥망성쇠의 근원이기도 하였다. 전해지는 말에 의하면 타관의 영락한 양반들이 이 고장을 찾을 때 통영 어구에 있는 죽림고개에서 갓을 벗어 나무에다 걸어놓고 들어온다고 한다. 그것은 통영에 와서 양반행세를 해봤자 별 실속이 없다는 비유에서 온 말일 게다. 어쨌든 다른 산골지방보다 봉건제도가 일찍 무너지고 활동의 자유, 배금사상이 보급된 것만은 사실이다.[41]

이처럼 통영은 상거래가 활발한 번영된 항구이고 진취적이고 모험적인 사람들이 사는 곳으로 자본주의가 일찍이 발달한 곳이다. 비디기 흥망성쇠의 근원이 되었던 통영에서 토지에 근거한 지주계급이었던 김약국은 몰락의 운명을 가지고 있었다. 이 비극은 인간이 어찌할 수 없는 운명 외에도 당시 사회를 지배했던 가부장제의 폐해에서 그 원인을 찾을 수 있다. 가부장사회에서는 여성에게는 정숙한 아내, 열녀, 요조숙녀, 혼전 순결을 강조하고 남성들에게는 성적 만족을 얻는 것이 자연스럽다고 권장한다. 뿐만 아니라, 남성에게는 해소할 것이 허용되고 부추겨지기도 했다.[42] 그러한 당시 사회적 분위기가 인물들의 삶에 어떤 영향을 미치는지 작품은 보여주고 있다.

박경리의 대표작 『토지』는 금세기 한국문학의 성공이라는 평가가 나오고 문화의 금자탑을 쌓았다는 찬사를 가지면 문화의 빈곤 시대에 경이로운 일로 평가될 뿐만 아니라 춘원의 『무정』이후 가장 탁월한 작품 중 하나임

이 틀림없다는 평가를 받고 있다.[43] 『토지』는 작품의 방대한 분량과 긴 집필기간이 이목을 끌지만, 그보다 독자를 사로잡는 것은 거의 600명에 이르는 인물의 등장이다. 600명의 인물이 모두 비중 있게 다루어지는 것은 아니지만 일본 제국주의에 의한 국권침탈과 회복, 최 씨 양반가문의 몰락과 재건이라는 주요서사 속에 각 인물들의 개인사를 기입한다. 작품의 배경은 하동에서 시작해서 진주, 부산, 서울, 간도, 중국, 러시아, 일본 등지로 확장된다. 이러한 방대한 인물 창조와 확장된 서사공간의 확보는 우리 문학사에서 『토지』가 가지는 가치이다.

박경리기념관

고인이 세상을 떠난 지 2년이 지난 2010년 5월 5일, 통영시 산양읍에 박경리 기념관이 문을 열었다. 한국문학사에 큰 획을 그은 작가 박경리를 기념하고, 박경리 선생의 문학에 끊임없는 영감을 제공한 고향 통영을 소개함으로써 선생의 문학세계에 대한 이해를 높이고자 건립한 기념관은 전시실과 영상실, 자료실 등을 갖추고 있다.

주위와 잘 조화를 이루는 적갈색 벽돌과 커다란 통유리로 통영의 바다를 바라볼 수 있게 지어진 이 기념관은 입구에서부터 그녀의 모습이 한눈에 들어온다. 진주여고를 졸업하고 결혼할 당시의 모습, 6·25전쟁 때 남편이 납북되고 딸과 함께 살았던 젊은 시절의 쪽 찐 머리와 수수한 한복차림의 모습 등이 있다. 이곳은 특히 고인의 대표작인 『토지』의 친필원고와 여권, 편지 등의 유품이 전시되어 있으며, 생전의 모습이 담긴 영상실, 집필한 책과 작품에 관한 논문 등을 모아놓은 자료실도 마련되어 있다. 특

히 작가의 집필실을 재현해 놓은 곳을 보면 실제로 작가를 만나는 것 같은 착각이 들게 하기도 한다. 평소 "통영 사람에겐 12공방에서부터 전해 내려온 예술의 DNA가 있다"고 말했던 그녀는 자신의 유품 가운데 세 가지를 소중히 다루어 달라는 말을 남겼다. 첫 번째가 오래된 재봉틀이고 두 번째가 국어사전, 세 번째가 바로 통영 소목장이 만든 장롱이다. 선생은 "재봉틀은 나의 생활이었고 국어사전은 나의 문학이다. 통영 장롱은 나의 예술"이라고 했다. 육체적 질병과 정신적 고통 속에서 작품을 쓰는 일로서 인생의 시련을 극복하려 했던 그녀의 흔적을 본다면 누구나 숙연해지고 경건해질 것이다.

:: 사랑 그리고 아픔의 순정을 바친 시인 유치환

행복

사랑하는 것은,
사랑을 받느니보다 행복하나니라.

오늘도 나는
에메랄드빛 하늘이 환히 내다뵈는
우체국 창문 앞에 와서 너에게 편지를 쓴다.

행길을 향한 문으로 숱한 사람들이
제각기 한 가지씩 생각에 족한 얼굴로 와선,
총총히 우표를 사고 전보지를 받고
먼 고향으로 또는 그리운 사람께로
슬프고 즐겁고 다정한 사연들을 보내나니.

세상의 고달픈 바람결에 시달리고 나부끼어
더욱더 의지 삼고 피어 헝클어진 인정의 꽃밭에서
너와 나의 애틋한 연분도
한 망울 연연한 진홍빛 양귀비꽃인지도 모른다.

사랑하는 것은,
사랑을 받느니보다 행복하나니라.
오늘도 나는 너에게 편지를 쓰나니,

그리운 이여 그러면 안녕.

설령 이것이 이 세상 마지막 인사가 될지라도

사랑하였으므로 나는 진정 행복하였네라.

–『문예』 초하(初夏) 호에 발표된 유치환의 행복

'시'의 가치는 다양한 관점에서 평가가 이루어질 수 있지만 얼마나 많은 사람이 그 시를 애송하느냐 하는 문제도 평가의 큰 축이 될 수 있다. 생명의 시인으로 불리는 청마(青馬) 유치환의 시 「깃발」은 교과서에 실리게 되었지만, 대중성의 입장에서는 「행복」이 단연 우위를 차지한다. 평이한 산문의 뉘앙스를 풍겨 쉬우면서도 가슴에 닿아 감성의 바다에 파문을 일으키는 호소력은 어디에서 기인한 것일까. 역시 작품 기저에 흐르는 순정의 혈류와 내재하는 리듬이 전혀 낯설지 않은 시이다.

청마 유치환(柳致環, 1908–1967)은 1908년 여름 경상남도의 해변도시 통영의 태평동이라는 바닷가의 초가에서 태어났다. 대대로 내려오는 유생의 집안으로 부친은 한의원을 경영하였으며, 그의 형은 우리나라 희곡 문학의 원로로 오랫동안 활약한 동랑 유치진이라는 사실은 잘 알려져 있다. 청마는 "나는 시인이 아니다"라고 했지만 그의 개성적 이미지 선택과 언어구사의 깊이 있는 솜씨에서 시인으로서의 탁월함을 엿볼 수 있다. 시인보다 먼저 한 인간으로서 남자였던가 보다. 편안한 산문형식을 취하면서도 읽는 이의 감성을 자극하게 만드는 시 행복은 청마가 유명을 달리할 때까지 줄곧 마음속에 새긴 연정의 빛깔이 어떠한 것인가를 보여주고 있다.

〈행복〉은 청마 유치환이 정운(丁芸) 이영도에게 보낸 시이다. 청마와 정운이 처음 만난 것은 통영여중 교사 시절이었다. 경북 청도가 고향인 정운은 21세의 젊은 나이에 남편과 사별하고 당시 딸 하나를 둔 29살 과부였다. 당시 통영으로 시집온 그녀의 언니 집에 머물러있었던 것이 두 사람이 만나는 계기가 되었다. 문재와 미모를 갖춘 정운은 처음 수예점을 운영하다 해방되던 해 가을 통영여중 가사교사로 부임했다. 청마는 해방이 되자 고향에 돌아와 통영여중 국어교사가 되었다. 청마는 정운보다 아홉 살이 많은 38살의 유부남이었다. 정운은 워낙 재색이 뛰어나고 행실이 조신했기에 누구도 그녀에게서 눈을 떼지 못했다고 한다. 시에 나오는 청마거리의 통영 중앙동 우체국이다. 빨간 우체통 옆에 〈행복〉 시비가 있다. 청마의 첫눈에 정운은 깊은 물그림자로 자리 잡기 시작했고, 교무실에서 하루에도 몇 번씩 정운의 얼굴을 보며 감정을 추스르기가 쉽지 않았다. 퇴근 후에도 수예점에서 대부분의 시간을 보내던 정운을 보기 위해 청마는 수예점이 보이는 우체국 창가에서 연서를 쓰기 시작했다. 이미 결혼한 청마와 홀로 된 정운은 닿지 않는 인연이 안타까워 연서로 그리움을 달랬다. 누군가에게 연서를 보낼 수 있고 또한 받을 수 있다는 건 행복한 일이다. 어쨌든 이영도에 대한 그의 사랑은 오랜 세월 일관되고 지고지순한 것이었음을 그 사랑 고백의 편지 일부를 통해서 충분히 짐작할 수 있다. 청마의 사후 수필집 『사랑했으므로 행복하였네라』에 의해 어느 정도 공인된 이영도에 대한 사랑의 편지는 무려 2000여 통에 달하고 있다. 1952년 6월부터 1966년 12월까지 20여 년에 걸쳐 연정의 편지를 보낸 것이다. 청마의 시는 '생경하고 소박한 무기교의 기교[44]'라는 평가가 따를 정도로 다소 거칠고 투박한 모습으로 격정을 꾸밈없이 쏟아내기도 하고 '현실에 대한 울분과 탄식, 저항과 질타[45]'의 목소리를 내기도 하였다. 또 자신의 심연 속으로 침잠하여 본연의 의지를 담금질하며 고뇌에 찬 명상의 목소리를 형상화하기도 하였다. 애련한 심정으로 애틋한 감성의 세계를 연출하며 사랑하는 사람에 대한 연정을 시화하기도 하였다. 그는 1931년 등단한 이후 1967년의 불의의 사고로 타계하기까지 40여 년간 많은 작품을 발표하였다. 방대한 작품의 양과 다양한 시적 경향의 작품군들은 현대 한국 시상의 한 줄기를 형성하고 있다.

청마문학관

통영시 정량동 망일봉 기슭에는 시인 유치환의 문학관이 있다. 극작가 유치진 씨의 동생으로 시인이자 교육자였던 청마 유치환 시인의 문학 정신

을 보존하고 계승하기 위해 2000년 2월 14일 개관하였다. 청마문학관은 바다가 보이는 언덕에 있다. 이곳에는 청마의 생가가 복원되어 있는데, 실제로 이 자리가 청마가 태어난 곳은 아니다. 원래 생가가 있던 자리는 너무 좁아 이곳에 생가를 복원하였다. 단출하고 소박한 초가집의 모습이다. 문학관 내부는 그의 작품 세계를 이해할 수 있도록 구성되어 있다. 특히 빛바랜 청마의 육필 원고가 컴퓨터 자판에 익숙해진 요즘 사람들의 눈길을 끈다. 통영항의 바다가 한눈에 들어오는 이곳은 전체면적 4,026㎡ 규모이며 전시관은 시인의 삶을 조명하는 청마의 생애, 생명추구의 시작과 작품의 변천 및 평가를 살펴볼 수 있는 청마의 문학, 유품들과 관련 평론·서적·논문을 정리한 청마의 발자취 등의 주제로 구성되며 청마의 유품 약 100점과 각종 문헌자료 약 350점이 전시되고 있다. 복원한 그의 생가에는 소박한 방 두 칸과 부엌이 있는 안채, 창고를 겸한 아래채가 있어 유치환 시인의 삶의 모습을 연상케 하며, 특히 의원이었던 아버지가 운영하던 유약국과 관련된 유품도 있어 관광의 재미를 더해주고 있다.

:: 민중의 정서를 예술에 담은 극작가, 유치진

예술의 대상은 어디까지나 인간으로서 인간을 연구하고 해석하는 것이다. 그래서 그 표현의 대상은 인간과 생활일 수밖에 없다. 인간과 가장 가까운 데서 그들의 삶을 그려내는 연극은 인류의 역사와 함께 시작되었다. 오랫동안 연극의 학설을 지배한 아리스토텔레스(Aristoteles)의 『시학(詩學)』에서부터 시작하여 바그너(Richard Wagner)의 종합예술론에 이르기까지 연극은 문학의 한 장르였다. 연극은 인간의 삶을 이야기하고 바라보는 것으로 무대라는 공간에서 새롭게 창조되는 행위예술이다. 연극의 3대 요소는 희곡·배우·관객이다. 그러나 연극이 만들어지기 위해서는 필요한 제반 예술의 콤비네이션(combination)으로 이루어지기 때문에 연극을 종합예술이라고 한다. 그렇게 말하는 것은 단순히 여러 예술이 결합됐다는 뜻이 아니다. 극작가에 의해 창작된 희곡이 연극이라는 공연예술로 승화되는 데 필요로 하는 모든 예술영역의 조화를 바탕으로 하기에 종합예술인 것이다. 이러한 조화자의 역할이 연출가이며 작품을 선정하고 해석하여 완성된 공연예술로 만들어 내는 창조자의 역할을 한다.

동랑(東朗) 유치진(유치진, 1905-1974)은 통영 출신으로 한국 근대연극 발전을 위하여 선구자적 업적을 세운 연극인으로 높이 평가되고 있다. 일생을 연극 분야의 활동에만 몰두하여 극작·연출·연극비평 등 다양한 활동을 전개하였다. 1914년 통영공립보통학교에 입학하여 1918년 졸업하였다. 그 뒤 부산우편국 부설 체신기술양성소에 입소하여 6개월간의 교육을 마친 뒤 귀향하여 통영우체국 사무원이 되었다. 1920년 가을 3·1운동 직후 일본으로 건너간 그는 1921년 4월 동경의 도야마 중학교 2년에 편입하였다. 그는 철학과 문학에 심취하고 릿교대학 시절 여름방학이면 고향 통영에서

'토성회' 활동을 통해 강연과 연극 공연도 했는데, 레퍼토리는 유치진 각색·연출의 메리메 작 「칼멘」이었다.[46] 이국의 어려움을 토성회라는 정신적 안식처에서 풀던 그의 평범한 삶에 1923년 9월(중학 4년) 동경 관동 대지진은 커다란 회오리를 안겨주었고, '조선인 집단 학살'을 체험하면서 피압박 민속으로서의 설움과 인간 자체에 대한 환멸을 느끼면서 민족적 자각을 깨우치게 된다.

> 예술은 그 시대의 갈망과 불리할 수 없다. 민중극이라는 것은 민중의 고통·불안·희망·투쟁을 한곳에 집결시킨 것이다. 민중극은 정직치 않아서는 아니 되며 민중적이라야 한다. 그렇지 않으면 민중극이라는 것은 없다. 민중극은 너희들이 반항하고 일어나려는 것을 안다. 극은 공중이 무대의 뒤를 이어 대 활동 속으로 들어가는 전장이다. 우리는 핏기가 없는 예술에게 생기를 주며 그 파리하고 쇠한 가슴을 살지게 하며 살지게 하여 민중의 힘과 건강을 그 속에 넣으려고 한다. 우리는 인생의 지혜와 영예를 민중을 위하여 쓰려는 것이 아니다. 민중을 우리와 함께 이 영예를 위하여 활동케 하려는 것이다. 그러나 우리는 강담(講談)에서 보다도 극에서 더 유익하게 민중을 위하여 힘쓸 수 있음을 믿는다.[47]

대학 시절 연극에 뜻을 세워 연극을 통한 민족계몽운동을 결심한 그가 귀국했을 때, 한국 연극계는 일본의 신파극이 난무했다. 신극을 처음 시도한 '토월회'가 해산되었다. 시대의 우울함 속에서 가난과 싸워야 했던 민중들에게 신극은 일부 지식인들의 것으로 그들이 향유하기에는 멀게만 느껴지고 또 그럴만한 여유조차 낯선 것이었으리라 짐작된다. 1940년대 말 일제는 연극통제 정책으로 '조선연극협회'를 결성, 연극인들의 활동을

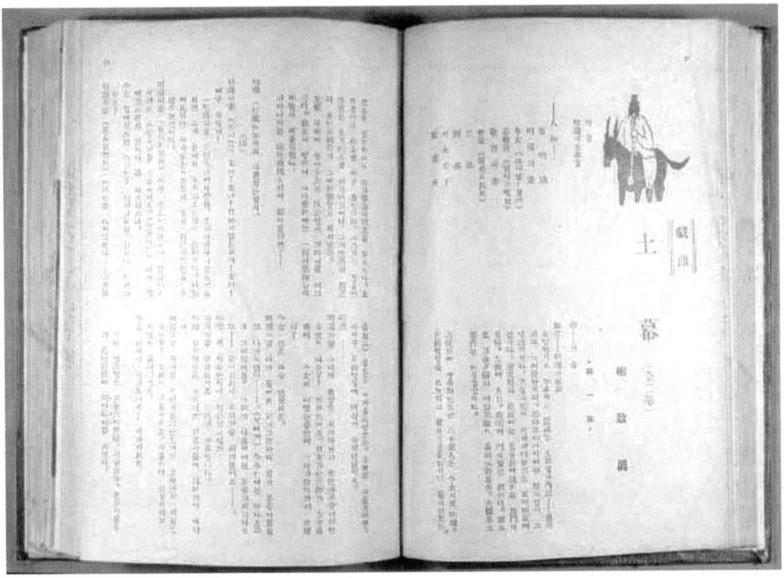

통제하고 친일 연극의 전파를 꾀하였다. 유치진이 조선연극협회 이사로 추대되기도 하였다. 암흑기를 보내던 한국연극계에 1945년 해방을 맞아 새로운 빛을 보는가 싶었다. 그러나 해방 이후 좌우익의 대립이 사회를 지배하더니 연극계에서도 이데올로기의 대립 양상이 일어났다. 극작가로서 유치진은 「토막(土幕)」(1931)에서부터 「한강은 흐른다」(1958)에 이르기까지 30여 년에 걸쳐 40여 편의 희곡과 연극비평·이론가로서 100여 편이 넘는 비평문을 남겼다. 연극을 통해 살아온 유치진에게는 극작가, 연출가, 이론가, 경영자, 연극운동가 등 수많은 수식어와 이름이 따른다. 그가 한국 연극사에서 이루어낸 굵직한 일들은 지금의 연극예술을 존재하게 만들었다.

그의 작품을 보면 '빼앗김의 미학'이 드러다 볼 수 있다. 시대적 아픔 속에서 당시의 민중들이 겪을 수밖에 없는 현실적 고통을 『소』에서는 소를 빼앗김으로써 국서는 정신적 공황 상태를 맞이하게 된다. 말똥이와 혼인하기로 한 귀찬은 일본으로 팔려 가는데 그 이유는 소를 빼앗겼기 때문이다. 소는 이들에게 단순한 동물이 아니라 사회를 형성해주는 정신적 이미지를 가지고 있는 것이다. 『마의태자』에서도 나라를 빼앗김으로써 마의태자가 통일신라를 떠나게 되는데 그가 떠나는 것은 타의에 의해 형성된 상황 속에서 자의에 의한 떠남이 된다. 즉 스스로의 잘못으로 인해 그 짐을 짊어지고 떠나게 된다. 『한강은 흐른다』에서의 떠남은 공산주의로부터 회피이고 또한 희망이다. 공산주의의 지배를 받지 않는 유일한 공간인 부산으로의 떠남은 희망적 상황을 제시한다. 행복한 삶을 꿈꾸고 떠난 부산은 모든 것이 죽음이라는 것으로 물거품이 된다. 이와 같은 떠남의 모습들은 당시의 시대적 아픔의 결과물인 것이다.

유치진의 1950년대 활동을 전후로 나누어 본다면 전반기에는 희곡 집필에 몰두하였고, 후반기에는 서양 연극계를 시찰하면서 '드라마센터'를 구성하고 「민족연극론」을 성립하였다. 세계연극사를 시찰하면서 피부로 느낀 것은 연극전용극장의 필요성이었다. 유치진은 1962년 미국 록펠러 재단의 원조를 받아 남산 중턱에 건립한 '드라마센터'를 건립하였다. 돌출형 무대인 개방 무대 형식의 중규모 극장으로 직업배우를 양성하고 레퍼토리 시스템을 도입하여 연중무휴공연 계획으로 출발한 연극 전용극장이었다. 또한 특수효과와 최신 설비의 음향시설을 갖춘 동양 최고의 극장이었다.[48] 드라마센터는 신극운동의 완성품이었다. 세익스피어 「햄릿」을 여석기가 번역하고 유치진이 연출을 맡아 역사적인 개막을 하였다. 그러나 관객동원에는 실패하여 재정난과 관객동원 실패로 고심하던 드라마센터는 이후 여러 가지 타개책을 모색하지만 뚜렷한 성과를 올리지 못했다. 그는 장기적인 안목을 가지고 여러 가지 부대사업을 펴나가며 연극인재 양성에 몰두하였다. 이후 연극전용극장에서 대관용 극장으로 변화하면서 잠시 주춤하지만 후진 양성을 위한 연극학교(1964년)로 변환하였다. 연극학교는 10년 후 1974년에는 서울예술전문학교가 되었고 1979년에 예술전문대학으로 승격하여 연극중흥의 모체가 되었다. 그는 연극계에 끼친 공로로 예술원상, 문화훈장, 5월 문예상, 3·1연극상 등을 수상하였다. 저서로 『유치진 희곡전집』 상·하권과 『동랑자서전』 등 많은 연극관계 논문도 남겼다. 유치진은 우리나라 최초의 본격적인 리얼리즘 희곡작가로서, 역사극의 장르를 개척한 극작가이며, 극작·연출·연극비평·연극교육·연극행정 등 연극 전반에 걸쳐 활동한 근대연극사의 대표적 인물로 평가된다. 이상과 공상 또는 주관을 배제하고 예술가로서 시대 상황을 현실 그대로 묘사하여 적극적인 사회참여를 꾀하고자 했던 그는 우리들의 기억 속에 언제나 기억될 것이다.

:: 환상과 현실을 소통한 시인 김춘수

꽃

내가 그의 이름을 불러 주기 전에는
그는 다만
하나의 몸짓에 지나지 않았다.

내가 그의 이름을 불러 주었을 때
그는 나에게로 와서
꽃이 되었다.

내가 그의 이름을 불러준 것처럼
나의 이 빛깔과 향기에 알맞는
누가 나의 이름을 불러다오
그에게로 가서 나도 그의 꽃이 되고 싶다.

우리들은 모두
무엇이 되고 싶다.
나는 너에게 너는 나에게
잊혀지지 않는 하나의 의미가 되고 싶다.

– 김춘수의 《꽃의 소묘》 중에서 꽃

사물의 이름인 언어가 존재를 존재답게 한다는 인식에 이른 대여(大餘) 김춘수(1922–2004)는 드디어 '꽃'이라는 상징적 사물을 들어 그 이름과 꽃과의 관계를 노래함으로써, 사물과 언어와의 관계를 표현하기에 이른다. '꽃'은 지상에서 존재하는 완전한 대상을 표상하며, 김춘수 시 세계의 상징적인 의미로 자리 잡는다. 이름을 불러 줌으로써 너와 나의 관계가 비로소 형성되고 그 꽃도 하나의 독자적 존재로 인식되는 것이다. 꽃의 의미는 김춘수의 시적 이상이며 절대성을 향한 시 세계의 존재론적 대상이다. 절대 가치로서의 꽃에 대한 애정을 일관되게 노래하면서 '빛깔과 향기에 알맞은 이름'을 불러주기를 염원한다. '우리 모두/무엇이 되고 싶다'라는 것은 현재 있는 것을 부정하고 다른 어떤 것으로 있으려는 초월의 욕망이다. 그거나 그것은 해소되거나 영원히 충족될 수 없는 것이라는 점에서 비극적일 수 있다.

김춘수는 자신만의 독특한 시론을 정립하여 한국시단에서 매우 독창적인 위치를 차지하는 시인이다. 통영의 부유한 가정에서 태어난 김춘수는 유년시절 부유하지 못한 환경의 또래집단으로부터 고립되어 있었다. 유약하면서 소심한 태도는 사회성이 부족한 존재가 되었고 더욱이 그의 사회적 성공을 기대한 부친의 엄격한 훈육은 그가 감당하기 어려운 부담감과 회의를 갖게 했다. 5세 때 호주 선교사가 운영하는 유치원에서 받은 이색적인 서구적 체험과 모친과 조모로부터 영향 받은 무속적 경험이 융합된 비현실적 상상의 세계는 먼 훗날 그가 시를 빚어내는 정서적 바탕으로 작용한 것으로 보인다. 아버지의 권위에 대척되는 따뜻하고 아름다운 모성의 세계에 대한 동경이 그를 상상의 세계로 몰입하게 하였다.[49] 해방 후에 등장한 첫 세대 시인인 김춘수는 개성적인 시 세계로 우리 현대시사에 특출하게 기여한 시인이다. 50여 년을 현역 시인으로 활동하면서 지속적인 시적 변모를 전략적으로 모색해 왔다. 그는 "시는 진보하는 것이 아니라 진화 한다"는 가설 아래 세련된 언어 구사와 회화적인 선명성과 음률성의 확보, 무의미 시에 이르기까지 독보적인 경지를 구축하였다. 그가 활동한 1950년대는 6·25전쟁으로 시작, 4·19 혁명으로 이어지는 민족 정체성의 혼란기로 이른바 분단이 고착된 시기이다. 이 시기 우리 문학은 정신적으로 위축된 심한 불모성을 드러내었다. 당시 다른 시인들이 외적 현실을 반영하거나 도시의 어두움을 비판하고 있을 때, 그는 '있음'과 '존재' 와 '언어'의 문제에 관심을 두었다.[50] 그런 점에서 그의 시는 형이상학적 실존주의적 경향을 담고 있다. 그의 작품은 언제나 일상적이며 산문적 차원의 현실 공간 저 너머에 위치한다. 자신만의 사유화된 언어로써 세계와 역사의 폭력적 현실 공간을 뛰어넘고자 하였다. 또한 특유의 상상력과 해석을 첨가, '현실'과 '환상'의 소통을 시도하였다. 그의 시 '꽃'은 과거 속에 묻혀 있는 꽃이 아니다. 지금도 반복, 재현되고 있는 꽃이다. '꽃'이 지금도 패러디되고 있다는 사실은 그의 작품은 과거에 묻혀있는 것이 아닌 현재에도 재생산되고 재해석되고 있음을 여실히 보여주는 것이다. 유사한 구절이나 글 일부를 반복적으로 쓰는 방식을 통해 삶과 역사를 진보적이거나 일회적인 것으로 보기보다는 회귀하고 순환하는 구조로 파악한 것이다.

그의 초기 시의 특징 중 하나가 '꽃'과 관련한 작품이 비일비재하다는 것이다. 첫 시집 『구름과 장미(1948)』이래 마지막 시집 『달개비꽃(2004)』에 이르기까지 시는 꽃으로 시작해서 꽃으로 끝난다고 할 만큼 꽃과 관련한 제목이나 소재의 작품이 다수이다. 시의 소재가 '꽃'이 된 저변에는 은유적 세계관이 존재하고 있으며 은근히 서구의 상징주의 미학을 암시하기도 한다. 인생관이나 시작법이 모두 한 과정, 한 과정을 걸어왔다는 그의 고백처럼 김춘수는 자신의 시에 대한 반성이 실존과 존재의 반성 끝에 나타나게 된 것이 '꽃'과 관련된 일련의 연작시다. 그때 그는 상징주의와 실존주

의 철학의 영향을 받고 은유적 세계관을 갖고 있었으며, 릴케를 탐독하게 된다. '꽃'의 시와 관련한 작품이 그렇게 많은 것은 바로 그 증거이다.

김춘수는 1945년 통영에서 유치환·윤이상·김상옥 등과 통영문화협회 결성, 예술운동을 펼치고 시작활동을 본격화하였다. 1946년 통영중학교 교사로 부임 1948년까지 근무하였다. 1949년 마산중학교 교사로 전임하여 1951년까지 근무하였다. 1959년 문교부의 교수자격심사규정에 따라 국어국문학과 교수 자격을 인정받았으며, 12월에 제7회 자유아세아문학상을 조병화와 함께 수상하였다. 1960년 마산의 해인대학(현 경남대학교)에 조교수로 취임, 1961년 경북대학교 국어국문학과 전임강사로 자리를 옮겨 교수로 재직하면서 후진 양성뿐만 아니라 많은 시인을 배출, 문단에서는 순수시 이론과 이 계열의 작품으로 영향력을 발휘하였다. 한국을 대표하는 10대 시인으로 꼽히고 있는 김춘수는 언어와 대상 간의 관계를 고민하고 그 해답을 얻기 위해 고투했던 시인이자 시 이론가였다. 그가 제시한 '무의미시'는 우리시의 새로운 가능성을 보여준 사례로 시문학사에 깊게 각인되어 있다. 특히 존재의 탐구, 대상의 즉물적 제시, 현실의 실감을 허무의지로 승화시켰던 점에서 당대는 물론 한국 문학 미래의 한 축을 담당하였다.

김춘수 유품전시관

시인 김춘수의 유품전시관은 통영항이 한눈에 내려다보이는 봉평동 451번지(해병 2길 2번)에 위치하고 있으며 2008년 3월 28일 개관하였다. 전체면적 164.8㎡ 규모의 전시관에는 그동안 출간되었던 선생의 시집과 육필원고 126점, 8폭 병풍 서예작품, 액자, 사진을 비롯해 생전에 사용하던 가구와 옷가지 등 330여 점이 전시되고 있다. 특히 전시관 한쪽에는 시인이 생전

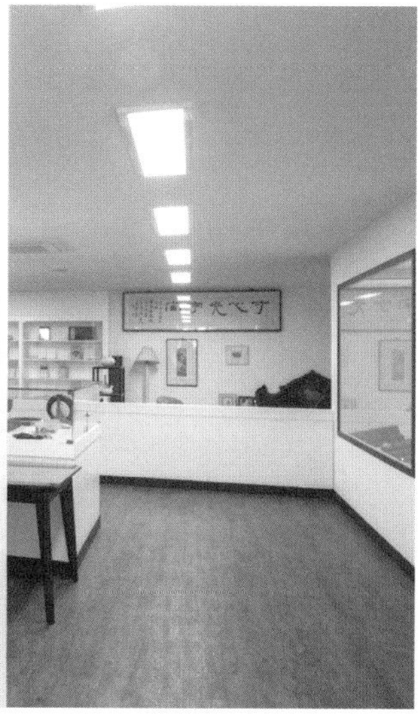

에 기거하던 것과 비슷한 형태로 침대와 10폭 산수화 병풍, 액자 등을 넣어 '김춘수 방'을 꾸몄고 나머지 공간에는 옷가지와 책, 평소 쓰던 소지품, 사진 등을 전시해 시인의 숨결을 가까이 느낄 수 있게 한다.

4 현대예술을 만나다

:: 분단의 이데올로기에 상처 입은 예술혼, 윤이상

세계 어느 곳이든 음악은 존재한다. 음악은 각 나라, 인종, 문화마다 각각 다른 형태를 취하고 있지만, 사람들의 생각이나 느낌을 표현하기도 하고 예술적으로 발전되어 주변의 다른 민족들에게 영향을 주기도 한다. 21세기 문화의 세기에 세계 여러 나라들은 자국의 문화 주체성 확립과 타국문화의 수용을 통해 자국의 문화를 보다 경쟁력 있게 창조하고자 노력하고 있다. 이러한 시기에 우리의 음악이 좀 더 가치 있는 하나의 문화가 되기 위해 많은 노력이 이루어지고 있는데 클래식 분야에서도 예외일 수 없다. 이런 현상 속에서 유럽에서 인정받은 한국의 작곡가 윤이상을 만날 수 있다. 그의 작품의 특징을 한마디로 규정지을 수는 없으나 서양음악 형태를 띠고 있으면서 동시에 동양적인 음악적 색채를 나타낸다는 것이다.

한국적 음악을 수립하여 세계화 궤도에 올려놓은 윤이상은(尹伊桑, 독문명:

Isang Yun, 1917–1995)경남 산청에서 태어나 3살 때 통영으로 사는 곳을 옮기게 된다. 통영은 항구도시로서 당시 군사적, 정치적, 경제적, 문화적 요지로 부각되던 것이다. 이런 곳에서 어린 시절을 보내며 여러 가지 민족적인 문화와 음악을 경험하게 되었다. 이것은 그의 인생에 많은 영향을 끼치게 된다. 민족적인 유산이 혼재되어 있는 용재, 미륵산의 사월 초파일행사, 승려들의 예불소리, 무당의 굿, 남도창들이 갖가지 처량한 선율 등의 깊은 민족정서는 그의 음악세계에 큰 영향을 미치게 된다. 윤이상 그 또한 "나의 모든 예술적·철학적·미학적 전통이 조국에서 생겼다"고 말한 바 있으며 이때의 조국은 그의 고향인 통영을 말한다고 볼 수 있다. 『상처받은 용』에서 통영의 음악적 체험으로 말하고 있는 분야는 유랑극단, 판소리, 율방의 향제풍류, 시회(詩會), 남도소리, 통영오광대, 신청, 답교 등 세시풍속, 초파일의 연등제, 벚꽃놀이 등의 전래문화와 중국곡예단과 악단이 곁

들인 영화관, 그리고 학교를 비롯한 여러 곳에서 체험한 근대 신문화 등이다. '유랑극단'은 그 중심이 19세기 말 도시를 중심으로 발달해 있는 '떠돌이 예인집단'들로서 일제강점기에도 창극과 판소리, 가야금병창, 남도민요 등의 성악과 산조나 시나위 등의 기악 독주와 합주, 풍물 등의 연행을 주로 했던 한국종합예술단을 말한다. 그는 여기서 들은 「심청전」이 1972년 뮌헨올림픽대회 기간 중 창작 공연 시 소재가 되었을 정도로 판소리에 깊은 영향을 받았다.

그는 통영지역 권번(券番) 출신들에게 초대되어 각종 민요와 병창 공연을 보고 이러한 삼현육각 형태의 음악들을 "아주 매혹적이어서 그 소리를 잊을 수가 없어요"라고 고백하였다.[51] 또 통영오광대 역시 윤이상이 빼놓을 수 없는 체험이었고 신청집단의 의례에도 깊은 영향을 받았다. 그는 무당과 무부들의 조직체나 청사(廳舍) 명칭인 '신청(神廳)' 이름을 직접적으로 거론하고 있다. 통영에서 사흘 낮 밤 동안 주도하는 무당과 무부들의 굿에서 그는 이때의 체험을 이후 19761년 「나모(Namo)」와 1975년의 「마하야나」를 작품화하였다.

40세 넘어 유럽 창작음악계에 등단한 윤이상은 쇤베르크의 '빈악파(Wiener Schule)'를 이어 메시앙, 리게티, 펜데레츠키의 반열에 올라서면서 자신만의 '고유언어'를 구사한 역사적 인물이었다. 형식음 기법을 동양적 음향의 개념으로 삼아 서양의 작곡기법과 서양의 악기로 표현하였다. 이러한 동양적 정신과 서양 작곡기법의 결합으로 인해 세계적인 현대음악의 거장 중의 한 사람이 되었다. 윤이상의 음악은 하나의 문화적 결합이다. 한국의 전통적인 색채와 서양의 발달된 음악 형식의 결합을 이룩한 그는 이러한 자신의 음악으로 세계 속에 자신의 이름과 한국이라는 나라를 알릴 수 있었다. 한국의 음악가로 정상에 설 수 있었던 것이다. 이처럼 그가 세계적 음악가로 부각될 수 있었던 것은 바로 그의 전통적 민속적 민족적인 그의 음악세계 때문일 것이다. 그의 작품들은 1980년대에 들어서서 유럽 연주회의 기본 프로그램으로 정착되었으며, 특히 그의 목관작품들은 세계적 주요 음악콩쿨의 과제 곡으로 지정되어 있기도 하다. 뿐만 아니라 윤이상은 독일에서 출간된 '20세기의 중요작곡가 56인', '유럽의 현존하는 5대 작곡가', 그리고 1995년 5월에는 독일의 자아르브뤼켄 방송에 의해 20세기 100년간 통틀어 가장 중요한 작곡가 30인의 한사람으로 선정되기도 하였다. 그의 수상경력으로는 '킬(Kiel)문화상', '독일연방공화국 대공로훈장', 함부르크 아카데미의 '플라케데상', '쿠세비츠키 음악재단상' 및 '괴테 메달'을 수상하였다. 그는 사망 전까지 함부르크 베를린 아카데미 회원 및 전 세계를 통틀어 10명도 안 되는 구제현대음악협회(ISCM)의 명예회원으로 활동하였다.

1935년 그는 동요집『목동의 노래』를 작곡하여 당시 최고의 작곡가였던 홍난파에게 장래가 촉망되는 인물이라는 평을 듣기도 하였다. 1937년 귀국, 통영의 화양학원에서 보통학교 교사로 있으며 한국어와 우리 노래로 학생들에게 민족의식을 심어주기도 하였다. 그는 다시 1937년 다시 일본의 동경으로 건너가 작곡가 이케노우치 토모지로에게 대위법과 작곡을 사사받은 후 태평양 전쟁이 일어나기 직전 한국으로 돌아왔다. 일제에 대항하기 위해 징용을 가기도 하였고 무기제로서 독립운동을 꾀하다가 1944년 독립운동 혐의로 체포되어 옥고를 치르고 출감하였다. 그러나 다시 체포령이 떨어져 서울에서 도피생활을 하다가 해방과 함께 새로운 조국의 탄생을 맞이하게 된다. 해방 후 통영문화협회에 가입하여 잠시 활동하였지만 문화협회의 전반적인 혼란 속에서 윤이상은 부산으로 가서 시립고아원 원장을 맡아 1년간 헌신하였으며 부산사범학교에 음악교사로 출강하였다. 이때 같은 학교의 국어 교사로 재직하던 이수자 씨를 만나 1950년 결혼하였다. 그는 부산대학에서 서양음악사를 강의하는 한편, '전시작곡가협회'를 조직하고 '한국작곡가 협회'의 사무총장으로 일을 하는 등 여러 음악적 활동을 하였다. 또 그동안 작곡한 가곡 고풍의상(1948), 달무리(1948), 그네(1947), 편지(1941), 나그네(1948), 등을 모아 가곡집 『달무리』를 출판하였다.

전쟁이 끝난 후 가족들과 함께 서울로 이주하여 여러 대학에서 작곡을 가르치며, 가곡, 실내악곡 등을 발표하였고 1954년 한국작곡가연맹의 상임위원에 선임되었다. 1955년 4월 작곡가로서 최초 「현악 4중주 1번」과 「피아노 3중주」로 제5회 서울시 문화상을 수상하였다. 윤이상은 이를 계기로 이듬해 39세의 나이에 프랑스로 유학을 결심한다. 이것은 유럽의 현대음악, 특히 쇤베르크·베베른·베르크의 세칭 '빈악파'의 12음 기법을 공부하기 위해서였다.[52] 파리 국립고등음악원을 거쳐 1959년 서베를린 음악대학을 졸업하고 네덜란드의 빌토벤에서 피아노를 위한 다섯 개의 소품을 발표하고, 다름슈타르에서 일곱 악기를 위한 음악을 프란시스 트라비의 지휘로 초연하여 큰 성공을 거두면서 그와 작품은 현대음악계의 주목을 받기 시작하였다. 1965년 오라토리움 「오 연꽃 속의 진주여」를 하노버에서 초연, 이듬해 서독 도나우에싱겐에서 에르네스트부어의 지휘로 「예악」이 초연되었다. 이 곡을 통해 음악사적으로 대성공을 거두어 자기 어법을 지닌 작곡가로서 확고한 자리를 다지게 되었다. 그러나 1967년 윤이상은 향후 그의 음악과 생애 전반에 중요한 영향을 끼치게 되는 경험을 한다. 군사정

권 시절 북한을 방문했다는 이유로 서울로 납치되어 이른바 동베를린 간첩단사건에 연류, 부인과 함께 기소되어 12월 13일 제1심에서 종신형을 선고받고 부인 이수자는 5년형을 받았으나 집행유예로 석방되고 1968년 제2심에서 15년형 감형처분 이어 12월에는 제3심에서 10년형으로 다시 감형되었다. 수감 중 심한 고문으로 자살을 기도하기도 했던 윤이상은 그의 동료 음악인 및 세계 각국의 전폭적인 외교적 압력 그리고 독일 정부의 조력으로 1969년 2월 말 독일로 돌아오게 된다. 그것이 그가 마지막 기억되던 조국이었다. 윤이상은 전 생애에 걸쳐 많은 힘든 일을 겪었으며 특히 분단된 조국과 그 분단의 현실을 몸소 겪은 사람이다. 조국의 굴절된 역사 속에서 민족주의 예술인으로서 그 삶을 살아온 윤이상은 한 인간으로서는 매우 파란만장하며 고통으로 점철된 생을 보내야만 했다. 그를 한동안 북한을 넘나드는 친북인사 또는 공산주의자 윤이상으로만 시비의 대상이 되면서 언론매체의 주요관심사와 가십거리로 부각되었던 적도 있었다.

윤이상은 우리나라보다 독일에서 더 사랑받던 음악가이다. 하지만 그는 누구보다 한국을 사랑했고 조국을 그리워했다. 그가 사랑했던 조국에서의 삶은 그의 음악적 영감을 준 원천이다. 베를린 자택의 앞마당에 한반도 모양의 연못을 만들어 놓고 조국을 그리워하고, 누군가가 가져다준 통영멸치를 보며 감개무량해하며 어린아이처럼 좋아했다고 한다. 말년의 일본 방문 시 통영 앞바다를 먼발치에서나마 보기 위하여 배를 타고 남해안 근처까지 오기도 했다고 한다. 그는 생을 마치기 전에 고향 땅을 한번 밟고 싶다는 간절한 소망을 가졌으나 끝내 이루지 못하고 멀리 이국땅에서 외롭게 눈을 감았다. 분단은 두 개의 이데올로기와 세 개의 정치성을 낳는다고 누군가 말했다. 자본주의 남한과 사회주의 북한 그리고 그 두 개의 정치체제 사이에서 남도 북도 선택하지 못한 제3의 경계인을 탄생시켰다는 것이다. 예술에 살고 예술로 죽어간 윤이상은 분단된 조국을 하나의 정치체제를 선택할 수 없었다. 지금 우리는 이 위대한 음악가를 이념적, 사상적 논쟁거리로 치부하기보다는 그가 펼친 예술사적 발자취에 초점을 맞추어 그를 평가해야 한다. 그래야만 한다. 26년간 이국을 떠돌면서 끊임없이 조국통일에 대한 열망, 나아가서는 폭력과 불의에 고통당하는 인류, 자연을 파괴하는 인류에 대한 경고 등 전 세계인을 대상으로 인류의 화해와 평화에 대한 갈망을 음악으로 토해냈던 윤이상을 이제는 조국이 지켜내야 한다.

통영국제음악제

아시아의 클래식 음악의 메카로 성장한 통영국제음악제는 2000년과 2001년에 걸쳐 음악제를 개최하면서 초창기 준비과정을 거쳐 2002년 그 역사가 시작되었다. '윤이상을 기리며'라는 부제가 붙은 첫 회는 2월 18일부터 3일 동안 통영시민회관에서 열렸다. 그가 작곡한 '통영 시민의 노래'가 44년 만에 고향에서 초연되었고, 외국 작곡가들이 헌정한 작품들이 연주되었으며, 그의 음악세계를 조명하는 세미나 등이 열렸다. 윤이상의 고향이라는 음악사적 배경과 한려해상국립공원 중심부에 펼쳐진 수려한 자연경관은 통영의 국제적인 음악도시의 성장과 잠재적 발전 가능성을 단적으로 보여준다. 세계 어느 우수의 음악제 개최지 못지않은 최상의 입지조건과 교통조건을 갖추고 있기 때문이다. 우리나라 제1의 해상관광지역으로 한산도를 비롯한 그의 작품을 매개로 평생을 고인의 뜻을 기리는 한국창작음악의 발전과 지역문화의 활성화에도 기여할 수 있는 것이다. 현대음악의 거장 작곡가 윤이상을 기리기 위해 시작된 통영국제음악제는 명실공

VOYAGES

히 세계 수준의 음악제로 발전했고 더불어 동양의 작은 항구도시 통영을 세계 속에 음악도시로 발돋움시켰다. 물론 이러한 성과는 한려수도를 바라보고 있는 아름다운 자연과 역사성, 예술성을 두루 갖추고 있는 통영이라는 도시의 매력이 크게 한몫을 하고 있다.

윤이상 국제음악콩쿠르

경상남도, 통영시, 창원 MBC가 주최하고 (재)통영국제음악제가 주관하는 '윤이상 국제음악콩쿠르'는 경남 통영 출신의 세계적인 작곡가 윤이상의 업적을 기리고 이를 통한 국제문화교류와 전 세계의 재능 있는 음악인을 발굴, 육성하기 위해 2003년에 창설되었다. 윤이상 국제음악콩쿠르는 2006년 국내 콩쿠르로는 최초로 유네스코 산하 국제음악콩쿠르세계연맹(WFIMC)에 가입하여 그 공신력을 인정받았다. 또 역대 수상자들에게 통영국제음악제 무대에서 세계 유명 연주단체와의 협연, 독주회 등의 연주 기회를 부여함으로써 입상자들이 세계무대로 나아갈 수 있는 지원에도 힘써오고 있다. '윤이상 국제음악콩쿠르'는 첼로, 피아노, 바이올린의 3개 부문을 대상으로 매년 돌아가며 한 부문씩 개최되고 있다.

:: 자연에 귀의하는 삶의 소박성을 추구한 화가, 이중섭

모든 문화예술에서 전통이라는 것은 단순한 과거의 유산만은 아니다. 그것은 과거와 유관한 것이면서도 현재의 생활을 풍부하게 하고 미래의 새로운 문화를 창조하는데 밑거름이 되는 활력소이다. 전통과 창작에 대해 H. W. Janson은 "전통이 없는 독창성은 가능할 수가 없을 것이다. 그것은 예술가가 상상의 날개를 펴게 해 주는 튼튼한 기반을 마련해 준다"라고 하였다.[53] 사실 문화형성에 있어 어떠한 문화도 외부와의 교섭 없이 항구적으로 발전하며 전통을 계승해 갈 수는 없다. 한 나라의 문화는 자체의 전통을 이으며 외부와의 교섭을 통해 좋은 점을 수용해 나가야만 새로운 문화와 전통을 이어갈 수 있고, 또 그렇게 될 때 그 나라의 문화는 독자적인 특수성과 아울러 국제적인 보편성을 지니게 된다. 우리나라의 문화도 이런 양면성을 지니고 있는 것이다.[54] 우리나라의 경우 서양화가 단순한 모방이나 이식현상이 아닌 토착적인 양식으로써 독자적인 면모를 띄기 시작한 것은 1950년대라 할 수 있다. 이데올로기의 대립이라는 특수한 상황과 새로운 서양미술사조의 유입이라는 시대적 조류에도 독자적인 조형의식으로 한국 전통미술의 정서와 특질을 살린 화가로 이중섭 박수근, 장욱진, 김환기, 박상옥 등을 꼽을 수 있다.

대향(大鄕) 이중섭(1916–1956)은 서구의 재료를 사용하면서도 내용 면에서 향토성을 진하게 함축하고 표현기법을 자기화해냄으로써 우리 민족의 고유한 정서와 미감이 풍부한 그림을 남겼다. 미술사적 관점에서 이중섭은 일본을 통한 서양화의 수용과 함께 근대성과 민족성이 교차하는 격동의 시대에 전통적인 소재를 근대적으로 풀어낸 점과 한국적 작가 정신을 바탕으로 서양 미술을 그대로 모방하지 않고 자기만의 독특한 표현양식을 추구했다. 그 점에서 우리나라 근·현대미술사에 확고한 자리를 차지하고 있다. 그는 1916년 평남 평원군 조운면 송천리에서 한 농부의 막내아들로 태어났다. 어린 시절 평양에 있는 외가에서 평양종로공립학교를 다녔는데, 그의 외가는 관서지방에서 경제적으로 가빈이 다져진 번성한 가문이었다. 게다가 이중섭이 태어난 평원군 일대는 옛 고구려와 낙랑의 영토로 일찍이 문물이 융성하였고 고구려의 고분벽화와 유적들이 많이 있는 곳이다. 이는 후에 그의 작품이 평면적 내지는 파노라마적인 화면구성과 선적 특징을 나타내거나 고구려 고분벽화와의 연관성을 파악하는 데 중요한 요인이 되기도 한다. 이중섭은 6·25동란이 발발하자 그해(1950년) 12월 원산에서 부산으로 피란하여 제주도, 통영, 진주, 대구, 서울 등지를 떠돌이 생활하다 1956년 9월 어느 날 청량리의 병원 무료 환자실에서 홀로 쓸쓸히 죽어간 불우한 화가였다. 혼동과 격동의 시대, 가족사의 비극 속에서도 오로지 그림만을 유일한 구원의 표상으로 설정하고 치열한 작품제작에 열정을 보인 만큼 그의 작품에선 그의 삶이 녹아있다. 짧은 기간 동안 엄청난 양의 작품을 그렸다. 현존하는 이중섭의 작품들은 약 300여점에 이르고 있는데 캔버스, 합판, 종이, 은지, 엽서, 장판지에 이르기까지 다양한 표현재료를 이용한 작품들이 남아있다. 여기에 소, 닭, 게, 물고기, 가족, 아이들 등의 소재는 향토적·민족적 주제의식과 연관되어 이중섭만의 예술적 미의식을 표출하고 있다고 평가되고 있다.

그의 작품은 서구의 재료를 사용하면서도 내용면에서 향토성을 진하게 함축하고 있으며 표현기법을 자기화해냄으로써 우리 민족의 고유한 품격과 미감이 풍부한 그림을 남겼다. 향토적 소재 중 이중섭이 가장 많이 다룬 소재는 단연 '소'이다. 그는 이미 일본 유학 이전부터 소를 그렸으며 소에 대한 집착이 상당히 강했던 것으로 보인다. 농경 중심인 우리 민족에 있어 소는 매우 중요한 존재로, 생업뿐 아니라 신앙과 민담 등 문화에 있어 상징적인 의미로 다양하게 쓰여 왔다. 우직하나 성실한 소의 성질이 우리 민족성과 유감(類感)된다. 순박하고 착하며 어질고 부지런함의 대상으로 그리고 희생과 충직, 힘과 풍요로움의 의미이기도 하다. 한마디로 소는 민족적 상징체계다. 그는 식민지 시대에 위태로운 민족의 정체성을 소에서 찾았던 것이다. 분명 이중섭에게 소는 민족적 상징체계로 선택되었으나 그 상징체계 못지않게 자신으로 비유시킨 측면도 보인다. 원산 시대까지만 해도 이중섭에게 소는 민족적 상징체로 나타났지만 전쟁과 피난의 시기에는 성실하고 선하지만 끝내는 희생의 대상이 되는 소의 운명을 자신의 행로와 겹쳐 본 것은 아닌가 생각된다. 온 몸이 격정에 싸여 분노하는 소, 싸우는 소는 운명에 대한, 상황에 대한 이중섭의 저항의 몸짓으로 소를 통한 작가 내면세계의 표출이며 전이(轉移)대상으로도 볼 수 있다.[55]

흰소(1954), 이중섭 Lee Jung Sup(1916–1956), 합판에 유화, 30×41.7cm, 홍익대학교 박물관 소장.

6·25전쟁이 휴전으로 끝나자 이중섭은 유강렬의 제의를 받아 1952년 늦봄에 통영에 와서 1954년 봄까지 2년여 동안 통영에 머물렀다. 통영으로 가서 안정을 얻어 풍경화 등을 제작하여 다방에서 첫 개인전을 가졌다. 통영은 전쟁의 화마를 비껴간 안정감과 화우들의 각별한 도움, 바다를 접하고 있는 낭만적 풍광 푸근한 인심이 어린 시절의 자신의 고향과 동일했을 것으로 보인다. 그는 이곳에서 굵고 빠른 필치의 숙련된 기운생동의 필치로 그의 대표작으로 꼽는 〈흰소〉와 〈황소〉, 〈달과 까마귀〉, 〈부부〉, 〈가족〉, 〈도원〉 등의 작품들을 남기게 된다. 이중섭의 소들은 대체로 강파른 골격과 근육을 갖고 있다. 살찌고 우둔한 평화의 소가 아니다. 검은 골격선의 거친 호흡에서 보이듯 일로 단련되었지만 영악하진 않고 영리하되 고약하지는 않은 악의 없는 소다. 그에게 소의 형상은 자긍에 찬 남성, 그러

달과 까마귀(1953), 이중섭 Lee Jung Sup(1916–1956), 한국화, 종이위에 유채, 40×28cm, 국립현대미술관 소장.

나 목을 죄는 시대의 굴레로 인해 뼈 빠지게 일해야 하면서도 인간에 대한 선의를 상실하지 않는 그런 남성의 면모로 비춰진 것 같다.[56] 청마 유치환이 술자리에서 "이형은 쇠불알이 그리고 싶어 황소를 그리지요?"라고 물었을 때, 소의 형상 속에 우주의 삼라만상이 들어 있다고 대답한 사실로 보아 소는 이중섭에게 일종의 신앙이었으며 자전적 기록이다.

〈부부〉는 화면 위아래에 붉은 선과 푸른 선을 긋고 서로 대칭으로 닭을 그려 상징적으로 두 마리의 봉황으로 나타내어 서로 안으려고 애쓰는 모습을 그렸다. 이 작품은 일본의 아내와의 간절한 재회의 열망과 애정의 뜨거움을 직설적으로 표현하고 있는 것이다.[57] 〈충렬사 풍경〉은 흰 구름 떠 잇는 파란 하늘, 축대 위에 있는 붉은 기둥의 충렬사를 빠른 속도로 그린 풍경화로 동적으로 구린 나목들에서 그의 조형적인 특성을 볼 수 있다. 〈남망산 오르는 길이 보이는 풍경〉은 길이라는 다른 제목으로 도록에 실리기도 하는데, 지붕 뒤 나뭇가지 사이로 화면을 가로 지르는 꼬불꼬불한 길을 배치하여 특유의 빠른 필치를 느낄 수 있게 표현했다. 그림을 지배하는 전체 분위기는 마치 유약을 귀얄로 발라 엷고 빠른 필치로 그려진 조선시대 전기 분청사기가 연상되는 특이한 운치가 있다. 지금 이곳은 개발되어 일대가 많이 변했지만 남망산 아래 해안이 즐비한 집들과 호수처럼 맑은 바다의 정경은 1950년대와 별반 차이가 없다. 여기서 남쪽을 바라보면 바다를 건너 한산섬이 보이고 그 사이사이로 숱한 섬들이 올망졸망 펼쳐져 있다. 한려해상국립공원 한려수도이다. 〈푸른 언덕〉은 중경에 배치한 기다란 언덕에 봄을 맞아 파랗게 돋아난 풀을 도드라지게 그려 새로운 봄의 느낌이 또렷하게 드러난 바다 풍경을 그린 것이다. 이 장소는 조선소에 포함되면서 훼손되었다고 한다. 〈까치가 있는 풍경〉은 재빠른 붓질과 대상을 요약적으로 파악하는 이중섭 특유의 표현방법을 대할 수 있

부부(1953), 이중섭 Lee Jung Sup(1916-1956), 종이위에 유채, 40×28cm, 국립현대미술관 소장.

다. 풍경 속에 등장하는 까치가 나무 둥지를 향해 쏜살같이 날아드는 장면이 어떤 긴장감을 주고 있다. 그 이전에 보지 못했던 단순화된 형식과 선명한 원색적 색채, 그리고 과감한 붓 터치로 사람들의 시선을 사로잡는다. 〈세병관〉은 풍경적 요인이 빈약함에도 불구하고 바로 그 비어있음을 통해 더욱 간결하고도 밀도 높은 풍경적 요건은 획득하고 있다. 단순하게 크기만 한 기와지붕과 그 너머로 잡힐 듯 말 듯한 바다, 그리고 기와지붕 앞쪽으로 앙상한 나무 한 그루, 문밖으로 절구 같은 기물이 하나가 고작이다. 풍경을 그리는 사람들은 일반적으로 이리 빈약한 전경에는 눈을 돌리지 않는다 의외로움이다.

이중섭은 통영의 성림다방에서 개인전을, 호심다방에서는 전혁림 등과 함께 4인전을 열기도 했다. 그는 '복자네 집'이란 술집에서 청마 유치환을 비롯한 통영의 벗들과 자주 어울려 술을 마셨다. '샘이집'이라는 술집에서는 다다미방 바닥에 잉크를 부어 손으로 그림을 그리다 주인 할머니의 타박을 받기도 했다 한다. 그가 청마와 어울려 술을 마셨던 동네가 바로 통영의 항남동 강구안 골목이었다. 지금도 이 골목에는 이중섭이 기거하며 학생들에게 데생을 가르쳤던 경남도립나전칠기기술원양성소 건물이 그대로 남아 있다. 이 골목에서는 시인 백석도 술을 마시며 청춘의 한때를 방황했다. 이중섭은 시대적 상황으로 고향을 떠나 부산과 제주, 통영 등을 오가며 힘든 피난시절을 보냈으며 가족과의 이별로 한 인간이 누릴 수 있는 최소한의 기본적인 행복마저 외면당한 삶을 살았다. 첫아들을 디프테리아로 잃는 슬픔을 겪고 형이 악질적 지주계급, 친일파로 수감되고, 더욱이 그를 정신적으로 괴롭힌 것은 부인이 일본인이라서 친일파로 지목 받았다. 이처럼 현실적 삶은 고난과 비참함으로 점철되었지만 그의 작품에는 이런 비극적 요소를 찾기 어렵다. 한국인이 진하게 가지고 있는 현세주의적 세계관에 근저한 일종의 낙천주의로써, 인간의 삶과 그 의미를 범 자연적인 화합 속에서 찾으려는 전통적인 정신이 있다. 위기와 고난을 슬기롭게 넘기면서 역설적인 현실긍정론을 펴왔던 우리민족이 인간을 포함한 자연의 생명체를 시공간을 초월한 공존의 세계에서 존재의미를 찾으려는 의도가 있다.

:: 시공을 초월한 영원한 형상을 추구했던 화가, 전혁림

추상(抽象, Abstract)이란 의미는 어떤 대상에서 근원인 것을 추출하는 것을 의미한다. 회화에서 추상이란 자연을 직접적으로 묘사하지 않는 미술양식이다. 작가는 대상을 화면에 나타나는 선이나 색채 등의 질료만으로 그림 속의 내용, 즉 근원을 전달한다. 이런 추상회화는 개인의 감정표현이 중요시되는데 자신만의 내면세계를 전달하기 위해 작가들은 전통적인 조형적 요소, 재료, 표현방식 등에 구애받지 않는다. 동·서양을 막론하고 현대추상미술에 접근할수록 자연대상에서 해방되어 순수 조형요소인 선과 색채, 형태 등의 조형원리만으로 작가 내면의 감정표출이 감상자들에게 전달되어지는 표현양식이다. 자신만의 독특한 표현방식으로 죽는 날까지 더없이 화려한 예술세계를 만들고 삶을 마감했던 전혁림(1916–2010)은 '색채의 마술사', '바다의 화가'로 불리고 있다. 그는 한국 현대미술태동기에 추상회화의 개척자로 통영에서 태어나 오랫동안 고향을 지키며 바다를 안고 살아갔던 지역작가이다. 지역성을 적극적으로 예술세계의 토대로 삼아 독특한 색감, 구상과 추상을 넘나드는 조형의식을 구축하였으며 한국 전통문화에 대한 관심과 전통적인 색채를 사용하여 민족의 색채의식을 대변했던 화가였다.

전혁림은 통영공립보통학교와 통영수산학교를 다닐 때 타고난 그림의 재질을 나타냈으나 그는 집안이 넉넉하지 못했던 관계로 유학의 뜻을 펴지 못하였다. 직장생활을 하면서 독학으로 수채화와 유화에 열중하여 스스로 길을 개척한 화가였다. 그의 초기 작품발표기록은 1938년의 부산미술전에 유화 〈신화적 해변〉, 〈월광〉, 〈누드〉 등의 작품을 출품하여 입선한 이후로 본격적인 화가의 길을 시작했다. 1948년에는 극작가 유치진, 시인

유치환, 김춘수, 김상옥, 음악사 윤이상 등과 함께 고향 통영문화협회의 창립동인으로 지역문화의 창달을 도모하였다. 이러한 사실은 통영지역으로 국한해서 생각할 것이 아니라 한국 문화계의 의식 있는 활동으로 보아야 할 역사적 사실이다. 그때부터 전혁림은 예술 창작의 참된 정신과 현대적 표현의식 등을 폭넓게 자각하게 되었다. 그러나 그의 행보는 비슷한 연배의 다른 작가들에 비해 훨씬 뒤늦게 화단에서 빛을 보게 되었다. 그러한 데에는 그가 유달리 저항적이고 비타협적인 성격과 일제하에서 일본의 것과 일본을 통해 유입된 서구미술, 해방 이후에는 미국을 통해 무작위로 입수된 현대미술에 대한 저항감이 걸림돌로 작용하였던 것이다.[58] 묻혀 있던 그가 중앙화단에서 재평가되기 시작한 것은 1980년대에 접어든 그의 연령이 60대 중반에 이르러서였다.

전혁림의 작품을 이야기하는 데 있어 가장 중요한 특징 중 하나는 바로 색채이다. 세계 어느 민족을 막론하고 고유한 색채의식이 존재한다. 색채는 그 민족의 문화와 역사적인 전통을 보여준다. 우리 민족도 다른 나라와 차별된 색채의식을 지니고 있는데 대표적인 것이 오방색이다. 조선시대 종교와 사상, 시대적 배경이 따른 미의식이 오방색의 바탕 위에서 발전되었고 오늘날 한국인의 색채 의식에서 큰 영향을 주었다. 즉 우리 민족의 색채는 시각적인 멋보다는 오행사상의 상징성에 보다 큰 비중을 두고 있다. 그는 빛 아래 사물의 색을 인지하였다. 그리고 그 느낌을 나타내는 데

통영항(2006), 전혁림 Jean Hyeck Lim(1915~2010), 7m×218m, 청와대 소장.

있어 색을 통해 대상과 자연에 대해 새로운 감정을 느끼게 하였다. 그를 둘러싼 세계와 그가 고십하였던 전통적인 것들이 색을 통해 표현되었다. 선명한 색상, 파랑, 빨강, 노랑, 흰색, 녹색 등의 오방색을 중심으로 말해지는 그의 작품은 시간을 초월하는 영원한 형상의 추구이며, 한국의 색과 역사와 그 역사에 담긴 뜻까지 전하려 한 것이다. 때문에 그의 작품을 보면 민족과 전통이라는 큰 주제의 공통점으로 인해 오방색에 대해 더욱 더 정감을 갖게 된다. 남달리 청색과 남색을 선호하여 모든 화면에서 주조색이 되게 했던 것으로 '전혁림은 코발트블루의 화가'란 별칭을 낳기도 하였다. 전혁림에 있어서 청색은 작가의 고향인 다도해의 색채이기도 하다. 고향의 바다를 사실적인 기법이 아닌 은유적인 표현으로 추상과 구상을 넘나드는 기법은 마음속의 내재된 형상들이나 자연으로부터 얻는 느낌을 전달하고자 대상을 변형, 해체, 조립하여 그만의 독특한 조형언어의 세계이다. 그는 푸른색을 구조로 하여 오방색은 물론 화려한 원색들을 거침없이 구사하여 치졸해지기 쉬운 색채들을 조화롭게 사용하여 색채화가로서의 진면목을 발휘하였다.

전혁림의 초기의 작품에서는 다양한 소재와 독창적인 화풍으로 확립하고자 한 시기로, 대개 자연과 사물을 분석하고 재구성한 가운데 자연이나 사물의 형상을 끼워 넣는 표현을 하고 있다. 색채에서는 많은 색채보다는 한정된 원색을 사용하지만, 색의 감정과 색채의식을 잘 전달하고 있다. 초기 작품인 『늪』은 1953년 문교부장관상을 수상한 것으로 작가의 기억에 의거한 작품이다. 미묘한 형태감은 있지만, 늦은 오후 노을빛에 모든 것이 불분명해 보이는 듯한 연꽃의 형태는 해체되고 전체적인 색조와 거친 붓질만이 남게 된다. 이러한 경향은 이후 같은 해 제작된 『화조도』에서도 찾

화조도(1950년대), 전혁림 Jean Hyeck Lim(1915~2010), 오일 캔버스, 37×52cm,
전혁림미술관 소장.

아볼 수 있다.

60년대에서 70년대에는 추상보다 구상적인 작품이 많았다. 이때 제작된 중요 작품은 〈한려수도〉로 초기 때 작품과 같이 추상 양식이 일정하지 않고, 자연의 이미지를 재해석하여 다양하게 표현되고 있다. 대상의 외형적인 이미지가 많이 남아 있어 완전한 추상이라고 할 수 없다. 초기의 색을 면으로 처리하여 이미지를 나타내는 것이 아닌 선으로 면과 면 사이를 구획시키는 가운데 이미지를 자연스럽게 내재화시켰다. 그는 1980년대 중반에 들어 민족성에 기반을 두면서 전통적인 문양을 작품 속에 표현하는 새로운 변화를 시도했다. 그는 민화와 부적 등의 전통적이고 민속적인 소재를 단순화시키며, 그 단위들을 색 면으로 처리하였다. 이 시대의 주요 작품으로는 검은색 윤곽선이 선명하고 원색의 오방색으로 구성된 나비와 민예품들이 복잡하게 화면을 메우고 있는 〈나비가 있는 정물〉, 1984년에 제작된 〈한국의 하늘〉과 1987년의 〈한국의 하늘Ⅱ〉 등이 있다.

〈한국의 하늘〉은 구름 한 점 없는 가을 하늘의 색이 바다가 도시 전체를 에워싸고 있는 통영의 하늘과 바다의 색이라 상징하며, 청색은 곧 전혁림만의 독특한 색채이다. 직사각형의 평면을 다섯 개로 분할하여 따로 테두리를 지었다. 각기 크기가 다른 분할된 공간들은 사방으로 넓게 펼쳐진 하늘을 묘사하고 좌우 어느 한 곳에 치중하지 않고 테두리 안에 담긴 채 계속 흐르고 있는 듯한 하늘의 느낌을 자아내고 있다. 1990년대부터는 전통적인 한국미에 대한 관심이 더해지고, 기존의 작품들보다 더욱 밝아지고 오방색의 대비적인 효과가 확연해진다. 소재 면에서도 기존의 민화, 문양, 부적을 비롯하여 해, 달, 새, 잉어, 화조화, 문자, 보자기, 노리개 등 전통적이고 한국적인 것들이 많았다. 이 시기의 주요 작품은 〈보자기〉에서와 같이 색채가 밝고 화사해지고 단순화된 형태와 구성으로 기존의 작품들보다 정돈된 느낌과 화려하고 밝아진 색 면으로 표현되었다. 2000년대 이후 전혁림의 작품은 더욱 밝고 화사한 색채와 단순한 형태의 구성을 이전의 중후한 색채보다는 보다 정리되고 밝아진 색 면으로 화려해진다. 또한 화면의 분할과 재구성, 구성의 확대와 축소, 색상 대비 등 자유로운 조형적 감각을 통해 문양과 문자가 결합한 완전한 추상이라기보다 구체적인 형상을 바탕으로 하여 재구성시킨 추상으로 한국적인 이미지를 가중시킨다. 이때의 대표작은 2001년 제작된 〈바다와 나비〉와 2001년의 〈민화적풍물도〉, 〈조선 여인〉 등이 있다. 그의 작품에서 전통적인 문양, 정물에 표현되는 기물들, 단청에서 영향을 받은 선명한 색감의 요소들은 그의 주된 관심사가 무엇인지를 잘 나타내어 주고 있다. 그는 전통적인 조형예술인 탱화, 단청, 불화 민화 등을 탐구했다. 민화적인 오방색을 주조로 하여 현대적인 색채 감각으로 재인식하여 표현하고 주제 의식에 있어 한국 문화에 대한 관심을 어떻게 작업에 적용할 것인가 하는 조형적인 방법을 구체적으로 연구하였다. 이처럼 전혁림은 한국 현대미술에서 추상회화의 선구자로 한국 전통문화에 대한 관심과 전통색채를 사용하여 민족의 색채의식을 대변했다. 또 통영이라는 지역성을 적극적으로 예술세계의 기반으로 삼고 독특한 색감과 구상과 추상을 넘나드는 조형의식을 토대로 독자적인 양식을 구축하였다. 그는 민족성과 향토성이 내재한 한국의 민속적인 문화유산을 일관성 있게 표현하면서 색채의 대비와 단순한 형태미로 수준 높은 조형의 미로 가장 한국적이면서 세계적인 미를 실현했던 화가이다.

전혁림 미술관

통영 미륵도의 미륵산 자락에 위치하고 있는 전혁림 미술관은 건물 자체가 예술품이라는 찬사를 받을 만큼 아주 독특한 디자인으로 만들어져 있다. 건물의 외벽은 전 화백의 작품과 아들 전영근의 작품 각 다섯 점을 선택하여 세라믹 타일 7,500여 장을 붙여 통영의 이미지와 화백의 예술적 이미지를 표현하고 있으며, 3층 전면의 벽은 화백의 1992년의 작품, '창(Window)'을 타일조합으로 재구성한 대형 벽화로 미술관의 멋을 더욱 살리고 있다. 내부로 들어가면 살아 움직이는 것 같은 새파란 색이 와락 하고 관람객을 맞는다. 그가 구사한 파란색은 각기 다른 바다로 관람객들을 안내한다. 어느 색은 풍덩 바다 속에 빠지게 하고, 어느 색은 절벽 위에서 바라본 듯 아련하며, 또 어느 색은 어린 시절 물장구치던 바다를 떠올리

게 한다. 평생 색을 공부하고 색으로 놀다 간 화가의 그림에서는 그의 삶을 들여다볼 수 있다. 전혁림 미술관은 화백이 1975년부터 30년 가까이 생활하던 집을 헐고 새로운 창조의 공간으로 신축한 건물로써 2003년 5월 11일 개관하였으며, 전혁림 화백의 작품 80점과 관련 자료 50여 점을 상설전시하고 3개월 단위로 교체 전시하고 있다. 또한 이곳은 그의 작업실과 그의 생활공간도 함께 볼 수 있어 그의 작품세계를 이해하는 데 도움이 된다. 매년 봄과 가을 두 차례의 기획전을 통해 역량 있는 청년작가의 작품전을 개최함으로써 지역 화단 활성화에 기여하고 있는 곳이다.

:: 한국의 몽마르뜨 동피랑벽화마을

통영의 대표적인 어시장인 중앙시장 뒤쪽 언덕에 있는 마을로, '동피랑'이란 이름은 '동쪽 벼랑'이라는 뜻이다. 구불구불한 오르막 골목길을 따라 강구항이 한눈에 내려다보이는 동피랑 마을에 오르면 담벼락마다 그려진 형형색색의 벽화가 눈길을 끈다.

"동피랑에 꿈이 살고 있습니다."라는 안내 문구를 따라 벽화가 그려진 마을 안으로 들어서면 한 사람이 겨우 비껴갈 정도의 좁고 꼬불꼬불한 골목길이 이어진다. 담벼락과 골목길 등 곳곳에 물고기와 동백꽃, 기린, 만화 캐릭터 등 다양한 종류의 그림들로 채워진 모습에 감탄사가 절로 나온다. 소박하고 아기자기한 그림과 함께 쓰인 시(詩)도 오가는 이의 발길을 붙잡

는다. 이곳은 조선시대에 이순신(李舜臣) 장군이 설치한 통제영(統制營)의 동포루(東砲樓)가 있던 자리로, 일제강점기 시절 통영항과 중앙시장에서 인부로 일하던 외지 하층민들이 기거하면서 만들어졌다고 한다. 50여 가구가 모여 살고 있던 동피랑을 통영시는 낙후된 마을을 철거하여 동포루를 복원하고 주변에 공원을 조성할 계획이었다. 그러자 2007년 10월 '푸른통영21'이라는 시민단체가 공공미술의 기치를 들고 '동피랑 색칠하기–전국벽화공모전'을 열었고, 전국 미술대학 재학생과 개인 등 18개 팀이 낡은 담벼락에 벽화를 그렸다. 벽화로 꾸며진 동피랑 마을에 대한 입소문이 나기 시작하면서 사람들이 몰려들기 시작하였다. 마을을 보존하자는 여론이 형성되자 통영시는 마침내 동포루 복원에 필요한 마을 꼭대기의 집 3채만을 헐고 마을 철거방침을 철회하였다. 철거 대상이었던 동네는 벽화로 인하여 관광객들의 발길이 끊이지 않는 통영의 새로운 명소로 변모하였다.

문화체육관광부는 '2014년도 지역문화브랜드'대상에 통영 동피랑 벽화마을을 선정하였다. 지역문화브랜드 대상은 지역의 특화된 문화 발전을 유도하고 지역문화 발전 모델을 발굴, 확산하기 위해 지역과 도시 단위의 문

화브랜드 사업들 중 우수 사업을 선정해 지원하는 것으로 2012년 제정되었다. 지난해 최종 선정된 문화브랜드 사업은 지역의 문화자원을 활용한 프로그램 중심의 문화 사업으로서, 일반 시민들에게 인지도가 높고 해당 지방자치단체와 지역 주민들의 참여 활동이 두드러진 사업을 중심으로 선정되었다. 통영 '동피랑 벽화마을'은 불과 몇 년 전만 해도 마을 입구조차 찾기 어려웠던 곳이었으나 벽화 하나로 세상에 알려지면서 지금은 관광 명소로 자리 잡았다. 7년간에 걸친 벽화운동으로, 철거와 강제 이주에 앞서 문화와 삶이 어우러지는 마을을 만듦으로써 재개발 예정 지역을 주거 환경 개선 지역으로 전환해 도시계획 자체를 근본적으로 바꾸는 성과를 거두었다. 통영의 새로운 명소로 떠오른 동피랑은 주말이면 골목마다 카메라를 든 여행객들로 붐빈다. 지역의 가치를 재발견함으로써 도시 재생 및 지역경제 활성화에도 성공한 것이다.

제 3 장

통영, 자연을 음미하다

1 통영 8경을 즐기다

연화도 용머리

통영항에서 남쪽으로 24km 바다 위에 위치한 연화도는 통영시 관내 유인도 가운데 제일 먼저 사람이 살기 시작한 섬으로 의미가 깊다. '연화도'란

바다에 핀 연꽃이란 뜻인데, 실제로 북쪽 바다에서 바라보는 섬의 모습은 꽃잎이 하나하나 겹겹이 봉오리진 연꽃을 떠올리게 한다. 매끄러운 구석이라곤 없지만 그만큼 풍성한 입체감을 자아낸다. 지금으로부터 약 4백여 년 전 이순신 장군과 거승 연화도사, 사명대사, 자운선사에 얽힌 전설이 역사적인 사실로 밝혀져 불교계의 중요한 유적지로 각광을 받고 있다. 사방이 기암절벽에 둘러싸여 경관이 빼어난 데다 연화도사가 비구니 3명과 함께 수도했다는 서낭당(실리암)과 도승들이 부처처럼 모셨다는 전래석(둥근돌) 등 유물들이 산재해 있다. 이 섬에서 용이 대양(大洋)을 항해 헤엄쳐 나가는 형상인 용머리는 빼어난 절경이다.

사량도 옥녀봉

통영에서 뱃길로 약 20Km에 있으며 3개의 유인도와 8개의 무인도로 구성되어 있는 바다 위에 해무(바다안개)가 끼면 신기루처럼 환상적인 분위기를 연출하는 사량도는 하늘에서 내려다보면 뱀이 기어가는 형상이라 해서 '뱀사(蛇)'자를 써서 사량도라 한다. 사량도는 크게 서로 마주 보고 있는 주섬인 윗섬과 아랫섬 사이가 마주 보고 그리 멀리 떨어져 있지 않아 호수처럼 잔잔하며 윗섬에 금평항이 있으며, 윗 섬의 중앙을 가로지르는 지리산·가마봉·옥녀봉이 능선으로 연결되어 함께 산행할 수 있다. 물론, 여기서 말하는 지리산은 빨치산이 있던 그 지리산이 아니다. 맑은 날 지리산이 보인다고 해서 지리망산으로 불리다가 '지리산'으로 줄여 부르게 된 것이 동명이산이 되어버렸다. 이 산 최고봉인 옥녀봉은 불모산보다 1m 낮으면서도 이름 덕분에 유명해졌다. 그 이름 하나로도 사량도 지리산은 족히 육지의 많은 산꾼들을 불러 모으는데, 옥녀봉(261m)에서 불모산(399m) 지리망산(398)으로 이어지는 8Km의 바위 능선 길은 그리 만만한 곳이 아

니다. 옥녀봉은 바다와 산을 함께 즐길 수 있는 산행으로 재미를 더해 주지만 암봉, 고암릉으로 이어지는 능선길이 다소 험하다. 그러나 위험코스에는 우회코스가 있으며 등산로가 잘 정비되어 있고 안내표지가 잘 되어 있다. 바다와 산을 함께 즐길 수 있는 섬 산행으로 지리산, 불모 산을 거쳐 옥녀봉의 능선이 이어져 바위봉우리와 능선을 번갈아 타면서 산행 즐거움을 만끽할 수 있다.

남망산 공원

남망산 공원은 '충무공원'이라고도 불리며, 벚나무와 소나무가 우거진 높이 80m의 남망산을 중심으로 전개된 공원이다. 남동쪽으로 거북등대와 한산도, 해갑도, 죽도 등의 한려수도의 절경을 바라볼 수 있다. 또한 산 꼭대기에는 1953년 6월에 세워진 이충무공의 동상이 서 있다. 공원 기슭에는 조선시대에 1년에 2번 한산무과의 과거를 보았다는 열무정의 활터와

시민문화예술회관이 있다. 남망산 꼭대기에 올라 공원 안을 한차례 둘러보면 무엇보다도 먼저 바다를 바라보고 우뚝 서 있는 이순신 장군의 동상이 눈에 띈다. 지금은 조각공원이 조성되어 많은 관광객들의 발길을 불러오고 있다.

제승당 앞바다

한산대첩을 이룩한 충무공 이순신의 충절을 기리는 호국의 성지이다. 선조 26년부터 30년(1593-1597)까지 수군의 본영으로 해상권을 장악하고 국난을 극복한 중심지이기도 하다. 정유재란 때 원균의 패전으로 한산진영이 불타버리고 폐허가 된 후 142년만인 영조 15년(1793년) 조경(趙儆) 제

107대 통제사가 이곳에 유허비를 세우면서 운주당(運籌堂) 옛터에 집을 짓고 '제승당'(制勝堂)이라는 친필 현판을 걸었다. 그 후 여러 차례 증축이 이루어지다가 1975년 박정희 대통령 시절에 경역을 확장, 보수해 오늘날의 모습으로 정착됐다. 이곳은 그 뜻을 기리는 것도 좋지만 주변 경관이 몹시 아름다워 놓칠 수 없는 곳이다. 제승당 입구에는 이순신 장군이 한산대첩에서 펼쳤다는 '학익진(鶴翼陣)'에 대한 자세한 내용이 영문과 한국어, 일본어로 게시판에 적혀 있다. 한산도 제승당을 등지고 왼편에 수루(戍樓)가 있다. 수루는 통영시 한산면 두억리에 소재한 사적 제113호인 한산도 이충무공 유적지 안에 소재한다. 1976년 고증을 바탕으로 신축한 건물로 통영 앞바다를 내다볼 수 있다. 수루에서 보이는 미륵산, 고동산, 망산에서 적 동태를 살피고 봉화, 고동, 연등 등을 이용해 정보를 주고받았다고 한다. '한산섬 달 밝은 밤에 수루에 홀로 앉아'에 나오는 역사적인 수루가 바로 이곳이다. 임진왜란 시 이순신 장군도 이곳 수루에서 시름에 잠기기도 그리고 작전을 짜느라고 고심하기도 하셨을 것이다.

난중일기(亂中日記)는 조선 중기의 무신 이순신이 임진왜란의 7년(1592 –1598) 동안 쓴 군중에서 쓴 일기이다. 일기 7책과 서간첩 1책, 임진장초 1책까지 총 9권이 국보 제76호로 지정되어 있으며, 내용은 시취(時趣)에 넘치는 일상생활, 동료·친척과의 왕래 교섭, 사가(私家)의 일, 수군(水軍)의 통제에 관한 비책(秘策), 충성과 강개의 기사 등이 수록되어 있다. 식구와 관련된 내용은 물론, 상관과 장수 및 부하들 간의 갈등문제를 비롯해 당시의 정치, 경제, 사회, 군사 등에 이르기까지 폭넓게 다루고 있다. 난중일기는 2013년 6월 18일 광주에서 열린 '제11차 유네스코 세계기록유산 국제자문위원회'의 권고를 유네스코가 받아들여, 새마을운동 기록물과 함께 '이순신 난중일기 및 서간첩 임진장초(書簡帖壬辰狀草)'의 이름으로 유네스코 세계기록유산으로 등재되었다.

달아공원에서 바라본 석양

미륵산이 최고의 일출 정경을 자랑하는 곳이라면 달아공원은 국내 최고의 일몰을 자랑하는 곳이다. 통영시 남쪽의 미륵도 해안을 일주하는 23Km의 산양일주도로 중간에 있다. '달아'라는 이름은 이곳 지형이 코끼리 어금니와 닮았다고 해서 붙여졌는데 지금은 '달구경하기 좋은 곳'이라는 뜻으로도 쓰인다고 한다. 통영사람들은 보통 '달애'라고 부르기도 한다. 공원 입구 도로변에 마련된 주차장에 차를 대고 5분 정도 완만하게 닦인 공원길을 올라가면 관해정(觀海亭)이 나온다. 정자 그늘 아래 앉아 여유롭게 바다를 내려다 볼 수 있는 곳이다. 관해정을 비껴 바다 쪽으로 조

금 더 나가면 그야말로 땅끝에 선 기분을 느낄 수 있다. 그리고 이름을 갖지 못한 작은 바위섬에서부터 대·소장도, 재도, 저도, 송도, 학림도, 곤리도, 연대도, 만지도, 오곡도, 추도 그리고 멀리 욕지열도까지 수십 개의 섬이 한눈에 들어온다. 다도해 풍경을 한 폭의 그림으로 감상하게 된다.

소매물도에서 바라본 등대섬

통영항에서 동남쪽 바다 위에 떠 있는 소매물도는 주민 50여 명이 살고 있는 조그만 섬으로, 한려해상국립공원이 품고 있는 아름다운 보석 중 하나이다. 행정상 한산면 매죽리에 속하는데, 대매물도·소매물도·등대도(글씽이섬) 등 세 개의 섬을 통틀어 '매물도'라 부른다. 흔히 소매물도와 등대도를 합쳐 소매물도라 부르기도 하는데, 이 소매물도와 등대도 사이의 해안암벽이 천하의 장관을 연출하는 통영 3경이다.

억겁을 두고 풍우에 시달리고 파도에 할퀴어 톱날처럼 요철이 심한 암벽

에 신의 손끝으로 오만가지 모양을 새겨 놓았으니 금방 날아오를 듯 용바위, 의젓한 부처바위, 깎아지른 병풍바위, 목을 내민 거북바위, 하늘을 찌를 듯 솟은 촛대바위 등이 둘러섰고 사이사이로 바위굴이 입을 벌리고 있다. 그 중 '글씽이굴'은 배를 타고 아슬아슬 통과할 수 있어 한층 묘미가 있다. 소매물도와 등대도는 조수가 빠져나가면 걸어서 건너다닐 수 있을 정도로 사이가 얕아지는데, 하루에 두 차례씩 '모세의 기적'을 연출한다. 소매물도의 또 다른 명물은 가슴 아픈 전설을 지니고 있는 남매바위와 서쪽 암벽 위에 뎅그러니 얹혀 있는 집채만 한 바위, 주민들은 태풍과 해일이 바다 밑에 있는 이 바위를 그곳에 얹어놓았다고 말한다. 확실히 태풍이 일어날 때면 이곳은 바다 밑의 바위들이 굴러다니는 소리가 마치 전차군단이 지나가는 듯 들려오는데, 그 바위가 섬 밑바닥 암벽에 부딪칠 때는 지축을 울리는 굉음과 더불어 섬 전체가 지진이라도 난 듯 부르르 떨린다고 한다.

통영운하 야경

길이 1420m, 너비 55m로 통영반도 남단과 미륵도 사이를 흐르는 통영 운하는 그 아래로 동양 최초로 만들어진 해저터널을 품고 있어 더욱 유명해졌다. 본래는 바닷물이 빠지면 갯벌이 드러나 반도와 섬이 연결되는 곳이었다. 한산대첩 당시 이순신 장군에게 쫓기던 왜선들이 이곳까지 흘러들어 왔다가 퇴로가 막히자 도망치기 위해 땅을 파헤치고 물길을 뚫었다고 한다. 이 전설에 연유해 이곳을 판데목이라고 불렀으며, 물길을 뚫었음에도 결국 우리 수군의 공격으로 무수한 왜군이 죽어나간 탓에 송장목이라고도 불리었다. 역사는 참으로 역설적인 것이어서 일본군에 의해 뚫린 물길은 다시 1932년 일제에 의해 운하로 확장 개통되었다. 약 5년 6개월간의 공사 끝에 완공된 운하는 임진왜란의 주범 도요토미 히데요시의 관명을 따 '다이코호리'라고 명명되었으며 그 아래로 동양 최초의 해저터널인 충무 해저터널도 함께 개통되었다. 이 운하가 만들어지기 전에는 무지개 모

양의 돌다리가 놓여 있어 사람과 말이 건너다니고 다리 밑으로는 작은 배가 왕래하였다고 한다. 운하 밑으로 뚫린 해저터널로는 사람들이 다니고 그 위에 걸린 공중 다리로는 자동차가 통행하며 운하로는 바다 조수와 상관없이 배들이 오간다. 한국 유일의 3중 교통로로 과거와 마찬가지로 무지개 모양의 거대한 통영 대교가 이 운하를 가르고 있다. 낮에도 빼어난 절경을 볼 수 있지만 해가 진 뒤 들어오는 다리 위의 오색 조명과 진입도로변의 가로등이 바닷물에 반사되어 절묘하게 어우러진 훌륭한 야경은 장관이다.

미륵산에서 바라본 한려수도

통영의 미륵산은 예로부터 미래의 부처인 미륵불이 내려오는 곳으로 믿어져 온 곳이다. 높이 461m의 통영에서 가장 높은 지대인 미륵산은 대한민국에서 가장 화려하고 아름다운 일출을 볼 수 있는 몇 안 되는 명소 중 하나다. 올라가는 도중 볼 수 있는 푸른 산의 경치도 아름답지만 정상에서 내려다보는 바다는 한 마디로 장관이다. 마치 섬을 조각내어 바다 위에 뿌려놓은 듯 펼쳐지는 한려수도의 중심부를 한눈에 볼 수 있는 것은 물론 멀리 대마도까지 볼 수 있다. 정상에 오르면 옛날 통제영(統制營) 봉수대터(경남 기념물 제210호)가 있고, 산 아래 계곡에는 통영시 상수도 제 1수원지가 있다. 특히 석축흔적만을 남기고 있는 봉수대 뒤편 평지에는 건물터와 기왓조각이 출토되었다. 때문에 조선시대 기와조각과 함께 통일신라시대 도장무늬토기 조각도 함께 출토되어 이곳이 조선초기보다 훨씬 앞선 통일신라시대에도 제사를 위한 장소로 이용된 명당이었으리라 추정하고 있다. 빼어난 절경인 만큼 유명한 산사도 3개나 있다. 고려 태조 26년(943년)에 도솔선사가 창건한 도솔암, 조선 영조 8년(1732년)에 창건된 관음사(觀音寺), 광

해군 시절인 1617년 통제사 윤천의 주선으로 산 일대에 축성한 산성과 함께 지은 용화사(龍華寺)가 있다. 본래 용화사는 정수사라고 불리었지만 폭풍과 화재로 소실되는 등 재난이 끊이지 않았다고 한다. 이에 미륵산 정상에서 7주야 기도를 올렸는데, 그때 신인이 나타나 지금의 자리에 절을 지어 그 이름을 용화사라 하고 미래의 부처인 미륵불을 모시도록 계시했다고 한다. 용화사는 절이지만 동시에 해군본부에 해당하는 수군통제영에서 만든 관림사찰이다. 이에 용화사의 승려들은 부처를 모시면서 수군의 의무를 겸했으며 절간 자체가 수군 막사로 사용되었다.

2 섬·섬·섬, 그 섬에 가고 싶다

늘 푸른 섬, 욕지도

통영항에서 뱃길로 1시간 거리의 남해상에 떠 있는 욕지도(欲知島)는 연화열도에서 가장 큰 섬이다. '알려고 하려면'이라는 섬 이름 속에는 불교적 색채가 강하게 녹아 있다. 지명은 여러 가지가 있는데 먼저 '녹도'라고 불렸다고 한다. 수목이 울창하고 가시덤불과 온갖 약초가 뒤엉킨 골짜기마다 사슴들이 뛰어다녔다는 증언을 토대로 만들어진 이름이다. 이 밖에 구전되어 오는 설로는 '호주'라 불렸다는 설도 있고 욕지항 안에 또 하나의 작은 섬이 거북이 모양으로 목욕하고 있는 것 같다고 하여 '욕지'라 일컬었다는 설도 있다. 또한 욕지가 유배지였기 때문에 많은 인물들이 이곳에서 욕된 삶을 살다 갔다 해서 '욕지'라 불렀다고도 하는데 욕지가 유배지란 근거는 어디에도 없다. 한때 어업기지로 큰 호황을 누리기도 했지만 연근해 어업이 쇠퇴하며 조용한 섬이 되었다. 요즘에는 관광지로 인기를 끌고 있으며 고구마가 유명하다.

욕지도는 해안선이 아름다운 섬으로 등산의 묘미는 사방이 트인 바다와 파도가 부서지는 해안 절경이 일품이다. 부두에서 출발하여 야포까지 약 3km의 해안도로는 어촌마을의 풍경을 즐기는 구간이다. 명소로는 삼여도, 펠리칸 바위, 새에덴 동산, 새천년 기념공원이 있다. 삼여도는 욕지의 대표적인 비경으로, 용왕의 세 딸이 900년 묵은 이무기로 변한 젊은 총각을 사모하게 되자 용왕이 노하여 세 딸을 바위로 만들었다고 한다. 이에 총각은 용왕이 미워서 산을 밀어내어 두 개의 섬으로 바다를 막아버렸다. 세 여인이란 뜻으로 삼여도라 불리고 있으며 삼여도 부근에는 아직도 뱀이 자주 출몰하고 있다. 펠리칸 바위는 부리가 긴 펠리칸이 먼 바다를 향하여 둥지를 틀고 있는 형상을 하고 있다. 새에덴 동산은 유동마을 끝단에 위치하고 있으며 최숙자, 윤지영 두 모녀의 땀방울로 조성되고 있는 믿음의 동산이다. 3개 방송사에서 소개된 바 있는 욕지의 새로운 명소이다. 새천년 기념공원은 욕지의 정 남쪽 일주도로변에 있으며, 2000년 1월 1일 욕지주민의 염원을 담아 세운 공원이다. 지난 2011년 욕지도에서 피아니스트 백건우 콘서트가 열렸다. 제한된 공간 속의 향연이라는 고정관념을 깨버리고 바닷소리, 바람소리, 새소리, 바다내음이 물씬 풍기는 확 트인 자연 속에 아름다운 피아노 음률이 섬 하늘을 신비로움으로 가득 메웠다. 일생에 한 번 볼까 말까 할 이 공연을 보기 위해 분주히 섬을 찾았던 기억이 난다.

잃어버린 나를 찾는 섬, 비진도

한산면에 속해 있는 8자 모양의 신비하고 아름다운 섬, 비진도(比珍島). 비진도는 이순신 장군이 왜적과의 해전에서 승리한 보배로운 곳이라는 뜻에서 비진도라 이름이 붙어진 곳이다. 비진도는 이국적인 정취를 물씬 풍

기며 관광객들의 편안한 휴양지이다. 모래가 적어 백사장이 드문 통영 바다에서 비진도는 이름 그대로 귀한 진주만큼이나 보배로운 존재이며, 그림 같은 해수욕장을 양쪽으로 품고 있는 섬이다. 비진도는 내항과 외항 두 개의 섬으로 되어 있다. 내항, 외항 두 섬은 남북으로 이어지며 외항의 해수욕장은 동, 서쪽으로 각각 바다를 바라보고 있다. 서쪽 해수욕장은 모래밭이고 동쪽 해수욕장은 몽돌이다. 그 두 섬 사이를 해수욕장이 이어주고 있는 비진도 해수욕장은 양쪽에 큰 바다를 끼고 있는 것이 한쪽 바다만 바라보고 들어서 있는 다른 해수욕장들과는 다른 특징이다. 이러한 섬 생김새 덕에 한자리에 앉은 채로 일출과 일몰을 한꺼번에 만끽할 수 있는 곳이기도 하다.

진정 아름다운 섬이다 비진도는. 필자는 2013년 인문도시사업의 프로그램으로 '섬으로 찾아가는 인문학강의'를 위해 비진도를 처음 찾았다. 타이틀은 그러할지나 비진도 섬 할머니들과 하루 즐거이 놀다 오는 것이었다. 배에서 내려 선착장을 지나 양 바다를 가로질러 서쪽의 모래밭 해수욕장과 동쪽 몽돌해수욕장을 두고 마을로 들어가는 작은 바닷길은 꿈길을 걸어가듯 환상적이었다. 바다가 내는 소리는 사람의 마음을 단번에 이곳에서 저 먼 데로 데려갔다. 그리 길지 않은 시간이었으나 지나간 나의 삶의 흔적들이 고스란히 지나갔다. 상처와 힘들었던 시간을 기억하며 마을에 다다랐을 때는 알 수 없는 새 기운이 솟았다. 초자연을 통한 자연치유가 되었던 모양이다. 이런 경험이 있었기에 필자는 많은 이들에게 힐링할 수 있는 섬으로 비진도를 추천한다. 바다 위의 보배인 비진도는 비진암, 동백나무 군락지, 후박나무 자생지, 춘복도, 외항 해수욕장, 소당여, 비진내항 해수욕장, 한산초등학교 비진분교, 팔손이나무 자생지, 소나무 숲 속 공원, 비진도 해수욕장의 뒷등, 선유도인 동굴, 선유대가 수많은 관광객들이 찾고 있다.

동백꽃에 물들고 싶은 섬, 장사도

통영의 작은 외딴섬, 장사도(長蛇島)는 한려수도의 절경과 동백의 조화로 절정을 이루는 아름다운 섬이다. 예로부터 긴 섬의 형상이 누에를 닮아 장사도라고 불리기도 하고 뱀의 형상을 닮아 장사도라는 이름이 붙었다고 한다. 섬 전체의 80%가 동백으로 둘러싸여 겨울엔 동백이 꽃망울을 터트리는 절경이, 이른 봄 동백꽃이 필 때면 섬 전체가 불타는 듯한 장관을 연출한다. 폐교된 학교와 섬 집을 예전 모습으로 복원하고 20여 개의 코스별 주제 정원과 건축물은 체험학습과 영상교육 및 작품전시 등의 편의시설을 갖추고 있다. 1000여 종의 다양한 식물과 청정해역의 숲 속에서 천혜의 자연환경과 한려수도의 정취가 한눈에 보인다. 거기에 크고 작은 전

망대에서 12머리상의 조각품과 자연의 의미를 되새길 수 있다. 탁 트인 야외공연장에서 자연과 음악과 수준 높은 다양한 공연의 문화공간의 혜택을 누릴 수 있는 문화해상공원이다. 얼마 전 인기리에 방영되었던 SBS 드라마 '별에서 온 그대'에서 도민준이 천송이에게 프러포즈했던 곳으로 지금은 멀리 중국인들까지 찾아 유명세를 치르고 있다.

제 4 장

통제영, 400년 역사의 잠을 깨우다

1 통영, 유네스코세계문화유산 등재를 위하여

우리는 현시대를 문화의 전쟁시대라고 한다. 2012년 12월 5일 프랑스 파리에서 개최된 7차 유네스코 무형유산보호 위원회에서 아리랑이 유네스코 무형유산 대표목록으로 최종 등재가 확정되었다. 중국이 조선족 '아리랑'을 자국의 무형유산으로 지정하여 발표하는 등 대외적으로 무형문화유산을 둘러싼 치열한 국제적 경쟁에 직면한 상황이었다. 정부는 우리 민족의 고유한 문화유산인 '아리랑'의 유네스코 등재를 위해 부단히 노력한 바, 아리랑 등재는 국제사회에 우리 문화의 우수성과 문화국가로서의 위상을 드높이는 계기가 되었다. 하지만 앞으로는 아리랑처럼 발등에 불똥 떨어지듯 급하게 하는 홍보 활동이 아닌 우리나라의 소중한 유산에 항상 관심을 갖고 지키는 노력을 해야 할 것이다. 등재 결정에는 특정 지역의 아리랑이 아닌 전 국민의 아리랑으로서 세대를 거쳐 재창조되고 다양한 형태로 전승되는 아리랑의 모습이 긍정적인 영향을 미쳤기 때문이다. 사실 중국은 아리랑 외에도 씨름, 가야금, 회혼례 등을 국가무형문화재로 지정하려 하고 있다. 이렇듯 21세기는 글로벌화 된 외형적 상황에서 내적인 문화전쟁이 이루어지고 있다.

유네스코는 유형, 무형, 자연 유산들 중 인류의 탁월한 보편적 가치가 있는 유산들을 보호, 계승하기 위하여 '세계유산(World Heritage)' 등재 사업을 시행하고 있다. '세계문화유산'이란 1972년 11월 1일 제17차 유네스코 정기총회에 참가한 각국의 대표자와 전문가들이 인류의 소중한 유산이 인간의 부주의로 파괴되는 것을 막기 위하여 유네스코지정 세계문화유산이라는 제도를 제정했다. 세계유산은 유네스코의 가장 성공적인 사업임과 동시에 그 자체 브랜드만으로도 충분한 가치를 가지며 세계유산의 등재 후에는 방문객들의 방문증가, 고용창출로 인한 취업률 증가, 수입의 개선, 지역과 국가의 자부심 증대, 유산보호의 책임감 의식 확대, 문화교육의 확대, 지역사회 개발 등의 효과가 있기 때문에 한국뿐 아니라 전 세계 공동의 관심을 끌고 있다.

통영은 천혜의 자연경관과 통제영 400년의 찬란한 문화가 꽃을 피웠던 곳이며, 걸출한 예술인들이 태어난 곳으로 한국의 대표적인 문화관광도시이다. 동피랑 벽화 마을, 통영성지, 제승당 등과 서포루를 중심으로 한 서피랑 일대는 박경리 선생의 생가가 위치한 곳으로 선생의 작품『김약국의 딸들』의 주 무대가 된 곳이다. 서피랑 일대에는 일제강점기에 만들어진 근대건축물로 '문화동 배수지'가 위치하여 독특한 근대 문화를 엿볼 수 있을 뿐만 아니라 이순신 장군 영정을 모신 충렬사와 인접해 있어 통제영의 무궁무진한 스토리텔링 콘텐츠를 발굴할 수 있는 보고(寶庫)이다. 뿐만 아니라 통영은 12공방, 통영오광대를 비롯하여 승전무, 남해안 별신굿, 군점 등 유·무형의 문화재가 산재해 있어 어느 곳보다 축복받은 문화예술의 본향이다. 이러한 문화유산은 선조들의 문화 창조의 소산이자 지역민의 자랑이고 나아가 민족적 자부심의 근원이 된다. 이에 과거형의 문화원형을 현재와 미래의 문화변화상을 감안하여 있는 그대로의 문화원형이 아닌 창조적 계승발전의 모습으로 변화시켜야 할 때이다. 결국 세계화, 정보화, 국제화의 흐름 속에서 지역의 전통문화유산의 새로운 가치를 창조해내기 위해서는 '유네스코세계문화유산'에 등재가 되어야 한다. 그러한 일은 통영이 타 지역을 압도할 수 있는 지름길이며 통제영문화와 같은 지역만의 전통문화유산을 유네스코세계문화유산에 등재시켜 지역문화브랜드상품으로 특화해야 한다. 특히 전통문화산업은 관광산업과 연계된다는 점에서도 더욱 그렇다.

'유산'이란 우리가 선조로부터 물려받아 오늘날 그 속에 살고 있으며, 앞으로 우리 후손들에게 물려주어야 할 자산이다. 자연유산과 문화유산 모두 다른 어느 것으로도 대체할 수 없는 우리들의 삶과 영감의 원천이다. 유산의 형태는 독특하면서도 다양하다. 아프리카 탄자니아의 세렝게티 평원에서부터 이집트의 피라미드, 호주의 산호초와 남미대륙의 바로크 성당에 이르기까지 모두 인류의 유산이다. 유네스코에서는 세계적인 가치를 지닌 각국의 유·무형의 유산을 크게 World Heritage(세계문화유산), Intangible Cultural Heritage(인류무형문화유산), Memory of the World(세계기록유산)으로 나누어 보호하는 사업을 실시하고 있다.[59] 모든 유산이 진정성(authenticity)이 있어야 하고 유산의 보존을 보장할 수 있는 적절한 법적 보호와 관리체계를 갖추고 효과적 시행도 보장되어 있어야 하며 다수 관람자들에게 개방되는 유산의 관리와 그 보존에 대한 적절한 행정적 체계의 증거를 제출할 수 있어야 한다. 세계유산이란 특별한 개념이 나타난 것은 이 유산들이 특정 소재지와 상관없이 모든 인류에게 속하는 보편적 가치를 지니고 있기 때문이다. 가치(value)란 "주관 및 자기의 욕구, 감정이나 의지의 욕구를 충족시키는 것"이다.[60] 따라서 보편적 가치란 특정한 위치와는 상관없이 인류 모두에게 공동으로 관계되어 의지의 욕구를 충족시키는 것이라고 할 수 있다. 즉 세계유산은 인류 모두에게 책임이 관계된 유산을 의미한다.

유네스코의 World Heritage(이하 세계유산이라 함)는 유형의 유산을 '문화유산', 자연의 기념물로서 탁월한 보편적 가치가 있는 '자연유산' 그리고 문화유산과 자연유산의 특징을 동시에 충족하는 '복합유산'으로 나누고 있다. 세부적으로 문화유산은 첫째, 기념물로 기념물, 건축물, 기념 조각 및 회화, 고고 유물 및 구조물, 금석문, 혈거 유적지 및 혼합유적지 가운데 역사, 예술, 학문적으로 탁월한 보편적 가치가 있는 유산을 말한다. 둘째, 건조물군으로 독립되었거나 또는 이어져 있는 구조물들로서 역사상, 미술상 탁월한 보편적 가치가 있는 유산이다. 셋째, 유적지로 인공의 소산 또는 인공과 자연 결합의 소산 및 고고 유적을 포함한 구역에서 역사상, 관상상, 민족학상 또는 인류학상 탁월한 보편적 가치가 있는 유산이다.
자연유산은 첫째, 무기적 또는 생물학적 생성물들로부터 이룩된 자연의 기념물로서 관상상 또는 과학상 탁월한 보편적 가치가 있는 것이다. 둘째, 지질학적 및 지문학(地文學)적 생성물과 이와 함께 위협에 처해 있는 동물 및 생물의 종의 생식지 및 자생지로서 특히 일정구역에서 과학상, 보존상, 미관상 탁월한 보편적 가치가 있는 것이다. 셋째, 과학, 보존, 자연미의 시각에서 볼 때 탁월한 보편적 가치를 주는 정확히 드러난 자연지역이나 자

연유적지를 말한다. 복합문화유산은 문화유산과 자연유산의 특징을 동시에 충족하는 유산이다.[61]

인류무형문화유산은 전통문화인 동시에 살아있는 문화이다. 무형문화유산은 공동체와 집단이 자신들의 환경, 자연, 역사의 상호작용에 따라 끊임없이 재창해온 각종 지식과 기술, 공연예술, 문화적 표현을 아우른다. 무형문화유산은 공동체 내에서 공유하는 집단적인 성격을 가지고 있으며, 사람을 통해 생활 속에서 주로 구전으로 전승되어왔다. 유네스코는 상당히 오래 전부터 무형문화유산 보호에 관심을 가져왔으며, 1997년 제29차 총회에서 산업화와 지구화 과정에서 급격히 소멸되고 있는 무형문화유산을 보호하고자 '인류 구전 및 무형유산 걸작 제도'를 채택했다. 이후, 2001년, 2003년, 2005년 모두 3차례에 걸쳐 70개국 90건이 인류 구전 및 무형유산 걸작으로 지정되었다. 무형문화유산의 중요성에 대한 국제사회의 인식이 커지면서 2003년 유네스코 총회는 무형문화유산 보호 협약을 채택하였다. 이것은 국제사회의 문화유산 보호 활동이 건축물 위주의 유형 문화재에서 눈에 보이지 않지만 살아있는 유산(living heritage), 즉 무형문화유산의 가치를 새롭게 인식하고 확대하였음을 국제적으로 공인하는 이정표가 되었다. 기록유산은 기록을 담고 있는 정보 또는 그 기록을 전하는 매개물이다. 단독 기록일 수 있으며 기록의 모음(archival fonds)일수도 있다. UNESCO는 1995년에 인류의 문화를 계승하는 중요한 유산인데도 훼손되거나 영원히 사라질 위험에 있는 기록유산의 보존과 이용을 위하여, 기록유산의 목록을 작성하고 효과적인 보존수단을 강구하기 위해 세계기록유산(Memory of the World)사업을 시작하였다.

한국이 세계문화유산(유적, 건축물, 장소)으로 지정받은 것은 창덕궁, 수원화성, 석굴암, 불국사, 해인사장경판전, 종묘, 고인돌유적, 경주역사 유적지구, 제주 화산섬과 용암동굴, 안동하회마을과 양동마을이 있다. 기록문화유산으로는 훈민정음, 조선왕조실록, 직지심체요절, 승정원일기, 고려대

장경판, 조선왕조의궤, 동의보감, 일성록, 5.18 민주화기록물, 난중일기, 새마을운동기록물 등이 있다. 인류무형문화유산에 등재된 종목은 종묘 제례 및 종묘 제례악, 판소리, 강릉단오제, 강강술래, 남사당놀이, 영산재, 제주 칠머리당영등굿, 처용무, 가곡·관현악 반주에 맞춰 부르는 서정적 노래, 대목장, 매사냥술·인간문화유산, 줄타기, 택견, 한산모시짜기, 아리랑, 김장문화, 농악 등이다. 세계문화유산 등록기준을 살펴보면 독특한 예술적 혹은 미적인 업적, 즉 창조적인 재능의 걸작을 대표 할 것, 일정한 시간에 걸쳐 혹은 세계의 한 문화권내에서 건축, 기념물 조각, 정원 및 조경디자인, 관련예술 또는 인간정주 등의 결과로서 일어난 발전사항들에 상당한 영향력을 행사한 것, 독특하거나 지극히 희귀하거나 혹은 아주 오래된 것, 가장 특징적인 사례의 건축양식으로서 중요한 문화적, 사회적, 예술적, 과학적, 기술적 혹은 산업의 발전을 대표하는 양식으로 정하고 있다.

세계문화유산에 등록되면 한국전통문화의 우수성과 가치를 드높이고 이를 보존하여 생명력을 불어넣을 수 있다. 내국인들에게는 민족적 자긍심을 외국인들에게는 유산 보유국의 고유한 역사성과 전통성을 알릴 수 있는 계기가 된다. 또한 유산 소재 지역의 역사성과 고유성을 특성화하여 관광객에게 과거의 시간으로부터 이어져 온 문화를 현재의 시간에서 보고 느끼고 체험하게 하여 전통문화의 계승과 발전을 도모할 수 있게 한다. 그리고 정부의 추가적인 관심과 지원으로 지역의 계획과 관리를 향상시킬 수도 있고, 국제협력 및 세계유산기금으로부터 기술적, 재정적 원조를 받을 수 있다. 그리고 등재된 유산은 협약국과 세계유산센터에 의해 보전과 관리가 된다. 한국의 다양하고 고유한 문화유산들이 세계문화유산으로 등재되어 세계인들의 주목을 받으면서 지역의 성장과 발전에도 긍정적 효과를 미침에 따라 세계유산 등재에 대한 관심이 높아져 각 지자체마다 세계문화유산 등재추진 노력이 고조되고 있다. 더욱이 우리나라를 방문한 외국인들이 문화 유적지를 가리는 대표적인 기준이 유네스코에서 지정한 세계문화유산이라고 한다.

통영은 천혜의 자연환경을 가진 전통문화유산의 보고이다. 역사적·환경적으로 소중하고 축복받은 '바다의 땅'임이 일찍이 증명된바, 그것은 통영이 가진 청정의 자연과 독특한 문화전통에 기인한다. 다른 그 어떤 지역에서도 통영과 같은 다양하고 의미 있는 유산들은 드물다. 그로 인해 흔히 통영의 문화를 이야기할 때 '찬란한 400년의 통제영문화', '예향의 도시다' 라고 한다. 지금은 과거로부터 전승된 통영의 문화유산 콘텐츠를 오히려 더 뛰어난 현대적 문화자산으로 만들어야 할 때, 그러나 정작 어떤 경로

와 가공을 통해 그 과정에 이르는지를 설명해내지 못하고 있다. 이제 그 해법을 우리는 통영의 고유한 문화유산을 유네스코(UNESCO)세계문화유산의 반열에 올려놓는 것으로부터 시작해야 할 것이다. 통영의 문화유산은 개개 유적으로서가 아니라 통제영 시대의 문화유산이라는 그릇 속에 담아 본다면, 개별 유적, 저마다 의미 있고 가치 있는 문화유산들이다. 무엇보다 통영의 문화유산은 충분히 가치가 있다고 보며, 세계인들이 함께 느낄 수 있도록, 세계유산으로 등재시키기 위한 작업에 서둘러야 할 것이다. 세계유산 등재는 우리지역문화유산의 가치 규명을 위한 노력에 진전을 가져올 것으로 기대되며, 나아가 세계 속에 함께 나아가는 통영의 미래상을 설정하는 기틀을 마련할 것이다. 따라서 추진사업의 목적은 통영의 문화유산을 세계문화유산에 등재시켜 문화유산의 소중함과 가치를 전달하고, 세계 속에 통영의 문화유산을 널리 알리며, 새로운 문화콘텐츠적 가치를 창출하는 것으로 해야 할 것이다.

지금은 등재가 관광 수익 증대에 기여해 통영경제를 살찌울 것이라는 얄팍한 상업주의의 경제적 관점이나 원형 보전도 못했는데 활용부터 욕심내는 개발주의적 시각은 없어야 할 것이다. 오래된 전통문화가 어떻게 내일의 우리 문화의 정수로서 다시 설 수 있는가에 대해 담론을 만드는 일이 시급하다. 그러한 담론은 그동안의 미몽에서 깨어나 부활을 의미하는 것이기도 하기 때문이다. 안동 하회마을, 경주 양동마을이 한국의 역사마을로서, UNESCO 세계문화유산에 세계 역사마을 중 여섯 번째로 등재되어 한동안 화제가 되었다. 지금 제주는 여기저기에서 세계문화유산 지역임을 대대적으로 홍보하고 있다. 전체적 의미는 한국이라는 국가의 특정 문화유산의 가치를 전 세계인들이 인정하게 되었다는 것, '하회·양동마을'이 한반도를 넘어 세계 인류문화·역사의 한 부분을 대표하는 역사마을의 반열에 들었다는 것이다. 또 대한민국 제주의 자연, 무형문화유산이 인류보편의 가치를 위해 보전해야 할 것으로 전 세계에 공표한 것이다. 하회마을과는 다르게 양동마을은 사람들의 손이 타지 않아 마을의 규모, 보존상태, 문화재의 수와 전통성과 아름다운 자연환경, 때 묻지 않은 향토성 등에서 훌륭하고 볼거리가 많은 숨은 보물이었다. 세계문화유산으로 등재된 후 사람들의 관심이 쏟아진 후 주말 하루 평균 만 명 이상의 관광객이 방문하고 있으며, 우리나라뿐만 아니라 가까이에 일본이나 중국에서도 그 동안 잘 알려지지 않은 양동마을에 깊은 관심을 표하고 있다. 제주도는 유네스코에서 지정한 세계자연유산과 인류무형문화유산을 동시에 보유한 전국 유일의 지역이다. '제주칠머리당영등굿'은 우리나라가 등재한 인류무형문화유산 12종목 가운데 가장 뚜렷한 무속문화유산이다. 등재의 의미는 어려가지가 있지만 가장 중요한 의미는 조선왕조 이래 일제강점기

를 거친 근·현대 동안 미신으로만 지속되어온 무속문화에 대한 진지한 성찰의 계기를 제공했다는 점이다. 고대로부터 우리 문화의 원류로 간직하고 전승해온 이 '오래된 문화'에 대한 왜곡과 배제의 시선을 거두어야 할 근거를 세계가 제공한 셈이다.

통영의 지역문화유산을 보존하고 세계문화유산의 반열에 올리기 위해서는 무엇보다도 지역민 모두의 관심과 애정이 있어야 한다. 시민들 중에는 아직 유네스코세계문화유산이 무엇인지도 모르는 사람이 많다. 지역민들이 먼저 그에 대한 중요성을 깨닫게 된다면 자연히 우리의 문화유산에 대한 관심이 높아질 것이고 그것은 곧 등재로 이어지게 될 것이다. 우리가 문화유산을 보존한다는 것은 내부적으로 적합한 사회 환경을 창출하여 부동(不動)의 민족, 공동체, 지역의 우수한 문화의 전통을 전승시키고, 인류문화의 다양성을 수호하는데 의의가 있다. 또한 외적으로는 세계 각국 국민의 상상력과 창조력을 충분히 발휘시키고, 인류 사회의 지속 가능한 발전을 도모하며, 인류의 상호 소통, 상호 이해, 상호 단결과 합작을 추진하는 등 여러 면에서 세계문화유산 등재 사업은 중요한 의의가 있다. 소매물도 등대섬, 통제영, 통영성지, 제승당, 세병관, 충렬사, 통영12공방, 통영오광대, 승전무, 남해안별신굿, 군점 등 이러한 찬란한 유산들은 명승, 국보, 보물, 통제영유적지, 향토유적지, 중요무형문화유산들로 구분된다. 구슬이 세말이라도 꿰어야 보배라는 말처럼, 요즘 우리는 꿰어야 할 보배가 너무도 많다. 앞에 열거한 것들 외에도 더 많으리라. 하지만 이러한 일은 제대로 꿰어야만 바람직한 성과를 얻어낼 수 있다. 유네스코세계문화유산 등재가 오늘 우리에게 던지는 과제는 이러한 통영의 진귀한 구슬들의 존재성과 그것들을 시급히 꿰어내어 보배로 만들기 위한 시스템이 무엇인가를 심도 있게 고민하는 것이다. 이 유산들을 세계문화유산으로 전환시키기 위해 우선, 미진한 학술연구조사가 완벽하게 정리되어야 한다. 그리고 그에 따른 국내외 학술세미나, 외국어 번역·발간 사업 등이 체계적으로 뒤따라야 할 것이다. 과감한 연구지원과 가치규명, 보존과 전승이 활발히 이루어져야 한다. 가치규명이 전문가의 몫이라면 보존과 전승은 전문가뿐만 아니라 지역민들 전체의 몫이다. 결국 시민들이 주도하고 지역민들의 염원을 담아내는 진정성 있는 등재추진사업이 되어야 한다. 정책적으로 유산의 보존상태 또는 위기 상황 등의 재 조건을 고려하여 등재 선후차성의 시급성과 준비성을 중심으로 체계적 계획을 수립해야 하며, 관련 분야의 전문연구기관이나 연구자들과의 긴밀한 상호전략을 구사할 필요가 있다. 혹 세계유산 후보군 중에서 지방 및 국가 문화재로 지정받지 못한 것들이 있다면 문화재 지정조치도 선행되어야 한다. 통영의 문화유산이 세계문화유산에 등재가 된다는 것은 지역의 문화를 조금 더 엄격한 관리제도 및 체제 하에 유지·보전하여 후대에게 보다 명확한 선조들의 시·공간의 기록을 물려줌으로써, 과거 선조들의 문화·역사·지리적 인식을 반추할 수 있는 발판을 만들어 주는 것이다. 곧 인류의 재산을 지키는 것이다. 통영의 세계문화유산 등재의 의미는 바로 여기에서 찾아야 할 것이다. 이제 통영제 400년의 힘을 깨워 세계 속에 예향의 도시로서 통영은 새롭게 태어나야 할 것이다.

2 통영, 유네스코 창의음악도시로 가다

음악이 존재하는 이유가 지금까지 개인과 사회 간의 '소통'이고 그것은 자국의 문화유산이 사회적인 포지셔닝(Positioning)으로 작용하여 소통과 창조의 준거 틀이기 때문이다. 얼마 전 전 세계적으로 대단한 이슈와 열광을 만들었던 가수 사이를 생각해 보면 그 요인을 다양한 각도에서 분석할 수 있다. 우선 단적으로 말하면 대중적 보편 감성을 자극한 창의적 표현 때문이라 볼 수 있다. 정제되어 있지 않으면서도 중독성 있는 그의 특이한 노랫말과 춤사위는 놀이에 대한 인간의 잠재적 본성을 건드리기에 충분했다. 보편과 표준, 평균을 강조한 과거 세대와는 달리 이제는 남들과는 다른 독창적인 관점이 필요한 시대가 왔다는 것을 시사해주고 있다. 즐거움과 배려가 묻어나는 능동적이며 창의적인 사회가 성공하는 시대가 온 것이다. 이러한 시대적 조류에 우리는 우리 속에 녹아있는 잠재적 본성이 무엇인지 읽어내고 그것을 많은 사람이 함께 행복해하며 공유할 수 있는 그런 도시를 만들어야 한다. 창의도시(Creative City)란 도시 자산을 통한 내부

자연적 창조를 지속해서 이루어가는 도시로서, 문화·사회·생태·경제적으로 지속가능한 발전 도시를 뜻한다. 유네스코는 2004년부터 유네스코 창조도시 네트워크를 출범시켜 매년 공예, 민속예술, 디자인, 영화, 음악, 문학, 미디어아트 등 7개 영역의 대표 도시를 선정하여 그들의 문화 프로그램을 보존하고 발전시키기 위한 아이디어를 공유하고 지원하고 있다. 이같이 세계적으로도 문화의 중요성을 인식하고, 그 다양성을 증진시키고 발전시키기 위하여 문화적 자산과 창의력을 계발한다. 유네스코 창의도시로 지정되면 세계 속에서 문화중심도시, 예술도시로서의 위상을 확고히 할 수 있고, 유네스코 창의도시 공식 로고를 도시 홍보나 교류 활동 등에 사용할 수 있어 공신력을 획득할 수 있다. 또한 유네스코를 통한 문화산업 국제 협력 망을 구축해 창의도시 간 다양한 교류 활동에 참여하게 된다. 2014년 부산광역시와 광주광역시가 각각 유네스코(UNESCO) 영화 창의도시와 미디어아트 창의도시로 선정됐다. 이로써 우리나라는 2010년 경

기도 이천(공예)·서울특별시(디자인), 2012년 전주(음식)에 이어 부산과 광주까지 5곳의 창의도시를 보유하게 되었다.

부산시는 국제 비정부기구(NGO) 대표들로 구성된 국제자문위원회의 8개월에 걸친 엄격한 심사 끝에 마침내 부산이 유네스코 영화 창의도시로 지정되었다. 영화산업에 대한 부산시의 주도적인 활동이 성과로 이어진 것이다. 더욱이 지금까지 유네스코 영화 분야 창의도시는 영국 브래드포드와 호주 시드니 단 두 곳뿐이었다. 아시아권을 대표하는 영화수도로 세계인들에게 각인되는 효과를 얻게 된 것이다. 특히 부산국제영화제는 시민들의 뜨거운 호응이 없었다면 불가능한 일이었다. 열기가 해를 거듭할수록 더욱 뜨거워지니 축제는 활기를 띌 수밖에 없다. 영화산업으로 인해 시민들은 일자리를 얻고 자긍심을 느끼게 되며, 수많은 타지인과 관광객들에게는 추억을 선사하는 창의도시가 되었다. 공인된 국제단체의 공식적인 지지를 얻음으로써 그만큼 권위도 생기고, 도시의 브랜드를 보다 명확히 차별화할 수 있게 된 것이다.

광주시 역시 유네스코 본부로부터 창의도시 네트워크 미디어 아트 분야에 대한 최종 가입 승인을 받았다. 지난 5년 동안 '유네스코 창의도시 네트워크' 가입을 추진해 온 광주시의 노력이 드디어 결실을 본 것이다. 광주시의 이번 창의도시 네트워크 가입은 미디어아트 분야로는 세계 네 번째이자 국내에서는 첫 번째다. 미디어아트란 대중매체를 미술에 도입한 것으로 책이나 신문, 영화, 사진, 만화, 음반, 텔레비전, 컴퓨터의 형태를 빌려 제작되는 예술이다. 유네스코 미디어아트 창의도시에는 광주 외에도 프랑스 리옹·앙기엥 레뱅, 일본 삿포로가 있다. 이로써 광주시는 미디어아트 분야 문화예술 교류뿐만 아니라 전체 회원국들과 도시 간 공동발전을 위한 창의인력 및 산업 육성 등에 관한 협력을 해나갈 수 있게 되었다. 또한 유네스코 창의도시라는 공신력을 획득함에 따라 미디어아트 도시로서의 명성뿐만 아니라 미디어아트와 연관된 광산업 발전 등 문화산업 중심도시로서의 브랜드 가치를 높이고 세계 속의 예술도시, 문화중심도시로서의 위상을 더욱 확고히 할 수 있게 되었다.

2012년 전주시는 유네스코가 인정한 '음식 창의도시'에 선정돼 한식의 세계화를 이끌게 되었다. 유네스코 창의도시 '음식(gastronomy)'분야에서는 콜롬비아 포파얀(2005년), 중국 청두(2010년), 스웨덴 오스터순드(2010년)에 이어 세계에서 네 번째이자, 국내 최초이다. NGO로 구성된 유네스코 심사위원들의 심사 결과, 음식 등 지역의 다양한 전통문화를 창의 산업으로 발전시키기 위해 노력해온 점과 수천 년 전부터 이어져 내려오는 가정음식, 한식 전문 인력 양성, 한 스타일 전문코디네이터 양성 등 다양한 노력을 높

이 평가하였다. 아울러 민간의 자발적인 음식에 대한 연구노력, 전주비빔밥축제·전주 국제발효식품엑스포 등 내실 있는 음식축제 운영도 호평을 받았다. 이로써 전주시는 도시홍보에 유네스코 로고를 공식 사용할 수 있게 되었고, 풍부한 문화자원과 다채로운 프로그램도 유네스코 웹사이트에 게재할 수 있게 되었다. 즉, '유네스코'라는 브랜드를 활용함으로써 도시 전체의 이미지를 높이고 관광 수입도 올리는 효과를 얻을 수 있다는 것이다. 또한, 국제 네트워크의 일원으로 다른 도시들과의 활발한 교류를 통해 문화 사업을 성장시키고 문화자산에 대한 인식을 고취시킬 수 있다. 전주시는 전주의 전통음식을 유네스코를 통해 지구촌 곳곳에 전파시키는데 주력할 계획이며 한국 음식의 세계화에 앞장서는 대표적인 도시로 나아가는데 힘쓸 것을 밝혔다.

서울특별시는 2010년 세계디자인수도 서울, 2011년부터는 '유네스코 디자인 창의도시'라는 새로운 이름을 가졌다. 서울시는 유네스코 디자인 창의도시를 추진하기 위해 세계디자인수도 서울을 만들었다. 그러한 것을 바탕으로 축적된 디자인시정에 대한 국제적 인증을 통해 도시브랜드 가치를 제고하고 세계 여타 도시들과의 교류협력으로 세계디자인흐름을 주도할 토대를 갖추었다. 그 후 NGO 단체들의 엄격한 심사를 거쳐 유네스코의 최종지정을 받아 유네스코 디자인 창의도시라 자격을 갖게 되었다. 서울시의 디자인 도시를 알리는 여러 활동들을 보자면, 디자인 재단의 중심인 동대문 디자인 플라자에서 프리마켓, 서울 디자인을 만드는 사람들을 취재, 그 밖의 여러 컨퍼런스 등에 참여하는 등 대대적인 활동을 하였다. 그 전까지는 서울이 이렇게 세심한 도시였나, 할 정도로 디자인 관련 사업이 많이 이루어졌고, 항상 공사장 근처를 가면 해치를 상징으로 한 친근

한 그림 또한 활동에 주력하였다. 그리고 지금 쓰고 있는 글씨체인 서울 남산체, 서울 한강체 등도 도시문화와 글씨체를 접목하여 서울시 관련 문서나 도시 곳곳에 친숙한 글씨로 바꾸었다. 서울시는 '옛것을 지켜내자'는 이름하에 무조건적인 개발이 아닌, 뚜렷한 목표와 발전방향을 바탕으로 한, 옛 문화는 살리면서 좀 더 세련되고 공간적으로도 아름다운 도시 디자인을 하였다. 서울시는 '유네스코 디자인 창의도시 서울'로 서울의 국제적 위상을 드높이고, 디자인산업과 창의인재를 육성하여 서울이 명실상부한 세계적인 디자인 창의도시로 더욱더 거듭날 것이다.

경기도 이천시는 2010년 유네스코로부터 네트워크 공예, 민속예술 분야를 인정받았다. 이천시는 도자기 교육기관·연구원 같은 인프라를 탄탄하게 구축했고, 세계도자 비엔날레와 도자기 축제도 매년 내실 있게 운영해 왔다. 유네스코는 특히 이천시가 지난 24년 동안 도자기 축제를 성공적으로 개최해 온 점을 높이 평가했다. 유네스코 한국위원회는 "이천시가 유네스코 창의도시 네트워크에 가입하면서 한국 전통공예 문화를 전 세계에 알리는 것과 동시에 세계 여러 도시와의 연계를 통해 문화를 공유할 훌륭한 기회도 잡게 됐다"고 설명했다. 지난 2008년부터 유네스코 창의도시 네트워크 사업을 추진하였던 이천시는 유네스코 한국위원회와 협력 체제를 구축한 뒤 프랑스 파리의 유네스코 본부와 서울을 오가며 지정을 받기 위해 애썼다. 베를린, 에든버러, 리옹처럼 세계적으로 이름난 도시들과 어깨를

나란히 할 만큼 유네스코로부터 인정받는 것은 쉬운 일이 아니었다.

유네스코 창의도시가 갖는 도시 브랜드 경쟁력은 실로 대단하다. 창의도시 지정을 원하는 도시는 우선 유네스코 본부에 가입신청서를 제출해야 한다. 제출만 한다고 바로 접수가 되진 않는다. 몇 번이고 신청서를 다시 작성하란 본부의 요구를 잘 받아들여야 한다. 유네스코 본부는 신청서에 모든 정보가 들어있길 바란다. 도시에 어떤 문화적 자산이 있는지, 거기 담긴 역사적 의의는 무엇인지, 그 자산을 활용해 무슨 사업을 펼쳤는지 상세히 적어야 한다. 그 사업의 결과 시민들이 실제 경제적 도움을 받았는지도 입증할 수 있어야 한다. 완벽한 신청서를 제출하면 유네스코 본부는 세계 NGO 대표를 모아 국제자문위원회를 구성한다. 그러고도 또 엄격한 심사를 거쳐 창의도시 지정여부를 결정한다. 통영시는 2015년 유네스코 음악 창의도시 지정 추진위원회 설치 및 운영 조례 제정에 이어 본격적인 창의음악도시 지정 추진을 가속화하고 있다. 통영시장은 "우리 시의 우수한 음악자산과 창의성을 지속가능한 발전 원동력으로 삼아 음악도시로서의 시격제고와 자긍심 고취를 위하여 유네스코 음악 창의도시 지정에 힘쓸 것이다"라는 포부를 밝히기도 하였다. 통영시는 국제적인 행사인 2015통영국제음악제(Voyages) 및 2015년 AAPPAC(아시아 태평양 공연예술센터연합회)총회, 2016년 ISCM(국제현대음악협회) 세계현대음악제 개최도 계획 중에 있다.
도시의 문화적 자원의 활용은 그 지역의 정체성을 확립하고 커뮤니티 활성화까지 유도할 수 있다. 특히나 자원성은 매우 강하지만 급격한 산업화와 전통의 붕괴로 인해 무시되어 온 전통산업이나 전통시장 등에 새로운 가치를 부여하고 의미를 발굴하는데 큰 기여를 한다. 대도시의 문화산업과는 다르게 통영시와 같은 농어촌 지역의 문화산업은 전통성(역사성)과 지

역성(향토성·고유성)을 기반으로 하여 지역 내에서 문화자원을 활용한 경제 활동 유형을 전통 및 향토식품부분, 전통공예부분, 전통문화 예술축제 및 전통소재 공연부분, 문화유적기반 지역관광 부분, 지역체험관광부분으로 이루어져야 한다. 통영시는 도시의 성장 동력을 음악으로 선정, 창의음악도시로 가는 여정을 밟고 있다. 거기 온 힘을 다해 문화도시를 향한 통영 시민의 자긍심과 역량이 종합적으로 모으고, 시정 핵심역량을 문화·관광 분야에 집중해야 한다. 아울러 문화도시 선포식을 대대적으로 열고 전문가들을 투입시켜야 한다. 미래를 내다보고 음악공연 유치 사업은 그야말로 전쟁처럼, 공격적으로 벌여야 할 것이다. 그런 노력이 없이 지정된 창의도시는 없었다. 실질적으로 창의도시를 완성하려면 기존 문화인프라를 뛰어넘어 획기적인 도약을 이뤄내야 한다. 그야말로 창의성을 발휘해 대한민국 크고 작은 지자체의 모범이 되는 창의음악도시를 만들어야 할 것이다.

각주설명

1 인문과학연구소 편저, 『인문과학의 이념과 방법론』, 서울:성균관대학교 출판부, 2002.

2 『두산백과사전』, www.encyber.com

3 인성교육진흥법(시행 2015. 7. 21.), [법률 제13004호, 2015. 1. 20., 제정], 이 법은 「대한민국헌법」에 따른 이난으로서의 존엄과 가치를 보장하고 「교육기본법」에 따른 교육이념을 바탕으로 건전하고 올바른 인성(人性)을 갖춘 국민을 육성하여 국가사회의 발전에 이바지함을 목적으로 한다(제 1조 목적).

4 김문환, 『미학자가 그려보는 인문도시』, 지식산업사, p3, 2001.

5 유승희, 인문도시의 가능성, 플랫폼, 제18호, pp12-15.

6 경상대학교 인문학연구소, 인문도시사업 기획 연구 계획안, p9, 2011.

7 경남신문 2012.08.24.

8 뉴욕현대미술관, www.moma.org

9 유네스코 세계문화위원회등록. 1997년 12월 4일 이탈리아 나폴리.

10 김동욱, 『실학정신으로 세운 조선의 신도시 수원화성』, 돌베게, pp104~105, 2004.

11 서우석, 도시인문학의 등장, 학문적 담론과 실천, 도시인문학연구 제6권 2호, p48.

12 노동은, 한국에서 윤이상의 삶과 예술, 음악과 민족 제17호, p57, 1999.

13 노동은, 전게서, p58.

14 1975년 7월 15일부터 그해 8월 7일까지 정식 발굴 조사된 결과에 따르면 우리나라 신석기시대 전기 토기인 세선융기문토기(細線隆起紋土器)를 비롯하여 태선융기문토기(太線隆起文土器), 즐문토기(櫛文土器) 등 장기간에 걸쳐 사용된 토기가 출토되었고, 구석기시대 말기의 것으로 추정되는 세석기편(細石器片)도 함께 출토되었다. 더욱이 여기에서 출토된 각종 유물은 우리나라 신석기 시대 각 유적에서 출토되는 유물뿐만 아니라 인접한 일본의 신석기시대 유물과도 유사한 양상을 보이고 있다.

15 『전라남도지』 中 청동기시대의 사회와 문화, 임영진, 1993.

16 정해윤, 관광을 통한 전통공예의 활성화 연구, 서울대학교 대학원·석사학위논문, p2, 2005.

17 문화재청고시 제2002-39호, 국가지정문화재(국보) 지정, 문화재청장, 2002-1014.

18 이치영, 이순신의 충과 애민에 관한 연구, 부산대학교 대학원 석사학위논문, 2007.

19 이은상 역, 『이충무공전서』, 상 (권, 장계1 제2차 당포·당황포 등 네 곳의 승첩을 아뢰는 제본), 서울: 성문각.

20 이은상 역, 『이충무공전서』하(권 9, 부록1, 행록1), 서울:성문각, p31.

21 한국문화예술진흥원, 한국의 축제, 『문화예술총서』8, 1987.

22 문화체육부, 『한국의 지역축제』, 1996.

23 통영시사편찬위원회, 『통영시지』(하)편, 통영시, p213, 1999.

24 통영시사편찬위원회, 『통영시지』, pp191~1192, 1999.

25 『조선왕조실록』, 광해 5년, 8월 18일 계묘 6번째 기사.

26 손영학, 통영나전칠기의 전통과 변화, 경북대학교 대학원 석사학위논문, p23, 2003.

27 이희승 편저, 『국어대사전』, 민중 서림, 1994.

28 한국정신문화연구원, 『경국대전』, p771. 1986.

29 엄광섭, 한국의 장인제도와 조형의식에 관한 연구, 한양대학교 대학원 석사논문, p18, 1988.

30 두산백과 문화재청 참고.

31 유네스코 인류무형문화유산 제주칠머리영등굿, 2009년 등재

32 국립문화재연구소, 「무형문화재보고서(19)」, p220, 1996.

33 삼도의 수군을 총 집결시켜 점검과 군사 훈련을 합친 행사

34 김정련, 승전무 북춤의 무보에 관한 연구, 숙명여자대학교 전통문화예술대학원 석사학위논문, p6, 2002.

35 김천흥, '無形文化財調査報告書 제36호 승전무(통영북춤)', 『무형문화재조사보고서』제6집, 문화재관리국, p346, 1969.

36 공민선, 승전무 북춤 가무에 대한 연구, 숙명여자대학교 대학원 석사학위논문, p.45, 2003.

37 통영문화원, 통영문화원 총서 제6집, p.125, 1999.

38 박경리, 『사소설 이의, Q씨에게』, 솔출판사, p185. 1993.

39 안남연, 박경리, 비극의 미학, 여성문학연구, 제4호, p206, 2000.

40 대개는 하동, 사천 등지에 땅을 갖고 있었다.

41 박경리, 『김약국의 딸들』 나남출판사, pp11-12, 2006.

42 최순옥, 여성남성별에 따른 차등적 자기 통제, 한국여성철학, 한울출판사, p26, 1995.

43 김병익, 『토지의 세계와 갈등의 진상』,박경리, 토지 9권, 삼성출판사, p421, 1999.

44 김동리, 유치환 시선에 부침, 『유치환 시선』, 정음사, 1958.

45 김현, 기발의 시학, 『김현문학전집5』, 문학과 지성사, p72, 1992.

46 통영군사편찬위원회(統營郡史編纂委員會), 『통영군사(統營郡史)』, p970, 1986.

47 유치진, 『동랑유치진 전집·9자서전』, 서울예대출판부, pp89~90, 1992.

48 유민영, 『우리시대 연극 운동사』, 단국대학교 출판부, p486, 1990.

49 노철, 김춘수 시의 현실 대응 양상 연구, 우리어문연구, 제11집, 462~467, 1997.

50 이승훈, 『한국모더니즘 시사』, 문예출판사, p198, 2002.

51 「상처받은 용」, p29

52 김용환, 『윤이상 연구』, 서울:시공사, p27, 2001.

53 H. W. Janson, History of Art(Englewood Cliffs), N.J:Prentice-Hall, Inc.; New York :Harry N. Abrams, Inc. 1967, p15.

54 안휘준, 『한국미술의 전통』, 문예출판사, p13, 1997.

55 주간조선, 1986. 7. 6.

56 강성원, 『그림으로 보는 한국근대의 미술』, 사계절, p105, 1997.

57 박재삼, 『그대에게 가는 길』, 도서출판 다빈치, p64, 2000,

58 송미숙, 『색채화가 전혁림』, 서울: 우리미술문화연구소, p74, 1992.

59 유네스코 한국위원회 www.unesco.or.kr

60 국립국어원 표준국어대사전.

61 유네스코 한국위원회 www.unesco.or.kr

도판설명

p37 루브르 박물관 전경, 프랑스, 2014.

p38 파리 에펠탑, 프랑스, 2014.

p39 파리 개선문, 프랑스. 2014.

p40 파리 노트르담 대성당, 프랑스, 2014.

p41 루브르 박물관에서 레오나르드 다빈치가 그린 모나리자를 감상하는 관광객들, 프랑스, 2014.

p43 파리 오르세이미술관, 프랑스, 2014.

p45 파리 몽마르뜨에는 언제나 많은 화가들이 모여 그림을 그린다, 프랑스, 2014.

p46 자화상(autoportrait), 빈센트 반고흐(Vincent Van Gogh, 1853-1890) 후기 인상주의 캔버스에 유화, 54.5×65cm, 오르세이 미술관 소장. 위대한 화가인 램브란트(Rembrandt Haronenszoon Van Rijn, 1606-1669)처럼 반고흐 또한 종종 자신의 모습을 작품에 담았다. 여기엔 현실적 이유 또한 있었다. 사람들이 선뜻 그의 모델이 되길 꺼려했기 때문이다. 스스로를 인물화가라 칭하기를 좋아했던 반고흐는 10년동안 무려 43점의 자화상을 그렸다.

p47 별이 빛나는 밤(The Starry Night, 1889), 빈센트 반고흐(Vincent Van Gogh, 1853-1890), 후기 인상주의, 캔버스에 유화, 73.7×92.1cm, 뉴욕현대미술관 소장. 1889년 작 이 작품은 고흐의 대표작 중의 하나로 고갱과 다툰 후 자신의 귀를 자르고 생레미 요양원에 있을 때 그린 것이다. 그에게 밤하늘은 존재의 무한성을 표현하는 가장 좋은 오브제였다.

P49 어디에서 왔는가? 우리는 누구인가? 우리는 어디로 갈 것인가?(where do we come from? Who are we? Where are we going?, 1897), 폴 고갱(Poul Gauguin, 1848-1903), 유화, 141×376cm, 보스턴미술관 소장. 이 작품은 그의 인생에서 가장 힘든 시기에 그려진 작품이다. 당시 그는 건강의 악화, 딸의 죽음으로 인해 자살을 결심 했고 죽기 전 마지막으로 이 작품을 그리고자 마음먹었다고 한다. 고갱은 한 달간 밤낮을 가리지 않고 작품에 몰두 하였다고 한다. 그는 지인에게 보낸 편지에서 "최악의 상황"속에서 자신에게 남은 "모든 정력을 이 작품에 쏟아 부었다"고 쓰고 있다.

P50 이아 오라나 마리아(아베 마리아)(Hail Mary, 1897), 폴고갱 (Poul Gauguin) 1848-1903, 캔버스 유화, 87.7×113.7cm, 메트로폴리탄미술관 소장.

P53 장 콕토(Jean Cocteau,1889-1963), 1889년 파리 출생. 영화작가이자 시나리오 작가이며 16세이 후 시, 문학, 희곡 등 다방면에서 재능을 보였다. 1915년

음악가 에릭 사피를 만나 '퍼레이드'라는 무용극을 무대에 올렸고 이때 피카소가 무대 디자인을 맡는다. 1930년 실험영화 〈시인의 피〉를 제작 발표하였다. 이후 장드라노아의 〈영원한 복귀〉(43), 로베르 브레송의 〈블로뉴 숲의 여인들〉(45)외 다수의 시나리오를 썼다. 1946년 시가 어떻게 일상생활에서 창조되는가를 그린 〈미녀와 야수〉를 발표하였다. 그리고 시인의 영감의 본질과 예술가의 역할을 그린 〈오르페〉(50)와 〈오르페의 유언〉(60)을 발표하였다. 그는 많은 영화를 찍지는 않았으나 개인적이고 창조적인 영화라는 평가를 얻어냈다.

P55 Maria Cassares-Orphe'e Jean Cocteau, 1950.

P57 나폴리항의 풍경, 이탈리아, 2012.

P59 에딘버르 2013 국제 페스티벌 포스터.

P60 에딘버르 축제를 즐기는 관광객들, 2013.

P64-65 수원성 전경, 2013.

P67 서포루[통영성지(도 기념물 제103호)]는 숙종 4년 (1678) 제57대 윤천뢰 통제사가 통제영 방비를 위해 세병관을 중심으로 여황산 능선을 따라 쌓은 성곽으로 4대문을 비롯해 2암문과 3포루를 세웠다. 그중 명정동과 문화동에 걸쳐있는 서피랑에 세워진 서포루는 일제 강점기 때 훼손되었으나 2009년부터 복원사업을 통해 현재의 모습으로 재현되어 있다.

P69 1980년대 남망산공원 광장에서 승무전을 공연하는 모습.

p76 옛 통제영 관아의 복원사업으로 진행된 12공방 중 임진왜란 때 사용했던 옛 무기를 관람하는 모습, 2015.

p77 복원된 통제영 관아에 전시된 거북선 모형, 2015.

p79 복원된 통제영 관아에서는 기념사진을 촬영 할 수 있게 조선수군복 체험장을 운영하고 있다, 2015.

p80 주말에 세병관을 찾은 시민들과 관광객들, 2015.

p81 세병관 좌편에 복원된 통제영 관아의 전경, 2015.

p85 이순신장군의 초상화.

p87 한산대첩 장면, 민족기록화, 김형구 作.

p91 복원된 통제영 12공방의 모습, 2015.

p91 12공방 갓을 만든 공방의 재현모습, 2015.

p93 나전칠기 교육생 신미선 작업모습, 도남동 전통공예전수관, 2014.

p94 통영 나전칠기 양옥도 장인의 작업 모습, 2014.

p96 통제영 12공방 중 갓을 만들었던 공방의 재현모습, 2015.

p97 중요무형문화재 제10호 나전장 송방웅 장인의 작업 모습, 2014.

p98 송방웅 장인의 작품-당초무늬 보석함(305×215×200mm) 재료: 자개, 옻칠, 나무, 두석, 당초문을 끊음질하며 만들고, 잎은 주름질하여 만든작품, 2014.

p99 중요무형문화재 제55호 천상원 소목장의 제자 김금철 장인의 작품- 성태네문남경대 (350×270×250mm) (재료: 느티나무, 감나무 등). 거울과 서랍을 두어 머리치장에 필요한 도구를 넣어주도록 하였으며 여인들이 앉아서 몸단장 할 수 있도록 만들었다. 문채가 고운 괴목을 사용하여 만들었고 통영 전통기법인 성태네문을 상감하였다.

p100 중요무형문화재 제64호 두석장 김극천 장인, 두석장을 합금금속재료로 목공예품에 부착하는 장식을 재래식 기법으로 제작하는 기능인을 말한다. 장식은 목공예품의 한 부분에 불과하나 목조가구의 형태와 용도에 따라 기능적인 역할과 보강을 담당하고 문양을 적절히 표현하여 가구 전체의 조형감을 더욱 품격있게 한다. 전통방식으로 니켈 30%와 주석70%를 배합하여 쇳물을 녹여 막대기를 만들고 타주(망치)로 두들겨 판을 만든 다음 제작한다.

p101 중요무형문화재 제114호 염장 조대용 장인의 작업 모습, 2015.

p102 통영 누비 조성연 장인의 작업 모습, 2015.

p103 ①, ② 통영누비 명품명장 조성연 선생님의 작품, 2014.

p105 남해안 별신굿 통영소재 죽도에서 굿하는 모습.

p106 남해안 별신굿 실내 공연모습.

p107 남해안 별신굿 예능 보유자 정용만 선생님의 양선춤 공연모습.

p109 승전무 북춤의 원무와 협무.

p110 승전무 예능보유자 한정자 선생님의 1970년대 공연모습.

p111 1980년대 통영 세병관 마당에서 승전무 북춤의 공연모습.

p113 제1과장, 문둥이 탈로서 문둥이의 상태와 한을 표현하면서 양반이 선대에 죄를 지어 문둥이가 되었다고 하여 양반 풍자적인 요소가 가미된 문둥이 춤 공연 장면.

p114 제2과장, 풍자탈로서 양반계급에 대하여 말뚝이가 직접적으로 신랄하게 비판하는 과정.

p115 제3과장, 영노탈로서 양반 아흔아홉 명을 잡아먹은 상상의 동물 영노가 마지막 한

명을 더 잡아먹고 승천하고자 양반 한 명을 몰아세운다. 잡아먹힐 위기에 처한 양반은 자신은 양반이 아니라고 궁색한 변명을 한다. 그리고 영노에게 쫓겨 퇴장한다.

p116 제4과장, 농창탈로서 처첩관계에서 야기되는 가정비극을 표현하고 있다.

p119 통영시 산양면에 위치한 박경리 기념관 입구모습, 2015.

p120 박경리 기념관에는 소설 '김약국의 딸들'의 배경이 되었던 그 당시 통영지역의 미니어쳐가 재현되어있다, 2015.

p122 박경리 작가의 친필 원고들, 2015.

p123 박경리 기념관에는 박경리 작가의 실제 생활공간을 재구성하고 갖가지 유품들을 전시해두고 있다, 2015.

p124 박경리작가의 대표작'토지'의 원판이 전시되어었다, 2015.

p125 박경리기념관의 전경모습, 2015.

p126 유치환.

p129 통영시 정량동에 위치한 청마 문학관 내부모습, 2015.

p130 청마문학관 전경, 2015.

p131 복원된 청마 유치환선생의 생가, 2015.

p134 유치진 작가의 대표작 '토막'의 초판.

p137 김춘수.

p139 김춘수 유품전시관에 전시된 친필원고들, 2015.

p141 김춘수 유품전시관의 내부전경, 2015.

p143 김춘수 유품전시관의 내부전경, 2015.

p145 윤이상.

p151 2015 통영국제음악제 VOYAGE를 개최하고 있는 통영국제음악당 전경.

p152 2015 통영국제음악제 VOYAGE, 바젤심포니 오케스트라공연모습.

p153 2015 통영국제음악제 중 윤이상을 기념하는 콩쿠르 입상자연주.

p154 화가 이중섭의 초상사진.

p157 흰소(1954), 이중섭 Lee Jung Sup(1916-1956), 합판에 유화, 30×41.7cm, 홍익대학교박물관 소장.

p158 달과 까마귀(1953), 이중섭 Lee Jung Sup(1916-1956), 한국화, 종이위에 유채, 40×28cm, 국립현대미술관 소장.

p160 부부(1953), 이중섭 Lee Jung Sup(1916-1956), 종이위에 유채, 40×28cm, 국립현대미술관 소장.

p164 전혁림 화백의 작업 모습.

p165 통영항(2006), 전혁림 Jean Hyeck Lim(1915~2010), 7m×218m, 청와대 소장.

p167 화조도(1950년대), 전혁림 Jean Hyeck Lim(1915~2010), 오일 캔버스, 37×52cm, 전혁림 미술관 소장.

p170 통영시 봉평동에 위치한 전혁림 미술관 전경, 2015.

p171 전혁림 미술관 내부 전시 전경, 2015.

p172 통영 동피랑 벽화마을에서 천사의 날개에 맞춰 두 팔을 벌린 필자의 딸.

p173 통영 동피랑에 오르면 통영성지 복원을 통해 옛 통제영의 방비 모습을 엿볼 수 있다, 2015.

p174 동피랑 벽화마을에서는 몽마르뜨 언덕을 연상케 하는 초상(캐리커쳐)화가들이 관광객의 초상화를 그려준다, 2015.

p175 동피랑 벽화에 기대어 포즈를 취하는 필자의 딸, 2015.

p181 통영항에서 남쪽으로 24km정도 떨어져 있는 연화도는 사명대사가 득도한 섬으로 통영 8경중 하나로 용머리해안 풍경을 만날 수 있는 아름다운 섬이다, 2015.

p183 통영 사량도 옥녀봉과 한려수도 풍경, 2013.

p184 남망산 조각공원과 그 넘어 통영항이 보인다, 2015.

p185 제승당에서 바라본 거북등대와 한산도 앞바다의 풍경, 2014.

p187 통영시 산양면 달아 공원에서 바라본 석양, 2015.

p188 통영 한산면에 위치한 소매물도 등대섬, 2008.

p189 통영 운하 위로 언제나 아름다움을 뽐내는 통영대교의 야경, 2015.

p191 미륵산 정상에서 바라본 일출, 2014.

p193 욕지도의 절경과 한려수도, 2014.

p194 비진도 비진해수욕장 풍경, 2014.

p195 비진도는 하늘에서 쳐다봤을 때 8자의 형상을 이룬다. 특이하게도 섬 2개가 백사장으로 연결되어 있다. 그 백사장에는 해마다 수많은 피서객으로 붐빈다.

p197 장사도 전망대에서 바라본 한려수도.

p197 장사도 전망대에 세워진 12머리상, 2014.

p197 이른 봄 만개하는 장사도의 동백꽃, 2014.

p208 해인사 팔만대장경, 석굴암, 불국사.

p210 충렬사는 선조 39년(1606)에 왕의 명령에 따라 제7대 이운용 통제사가 창건하였으며, 현종4년(1663)에 남해 충렬사와 함께 임금이 내린 사액을 받은 사액사당이다. 현재 통영시 명정동에 위치하며 충렬사를 들어서면 강한루와 함께 사당을 오르는 돌계단이 있다.

p211 임진왜란 중에 수군통제사로서 가장 큰 업적을 남긴 충무공 이순신을 기리기 위해 세워진 통영 충렬사는 충무공의 활동무대가 한산도를 중심으로 한 통영근처였기 때문에 남해 충렬사와 함께 이곳에 위패를 모시고 제사를 모시는 사당을 세우게 되었다.

p217 옛 병선마당이였던 현 강구안의 모습, 거북선과 판옥선의 관람이 가능하게 되어 있다, 2015.

p217 광주 미디어아트 유네스코 창의 도시.

p219 전주 음식 유네스코 창의 도시.

p221 서울 디자인 유네스코 창의 도시.

p222 이천 유네스코 창의 도시.

p224 통영 국제 음악제 폐회사를 하고 있는 통영 시장, 2015.

※ 이 책에 사용 된 이미지는 김경화, 김상현, 임서령, 차진현, 하경림, 승전무보존회, 남해안별신굿보존회에서 제공되었습니다. 그리고 외국 축제 포스트 및 각종 문화재 자료 등은 구글 이미지, 네이버 이미지에서 사용 되었습니다.

인문도시 통영,

그 아름다움에 빠지다

초판 1쇄 2015년 08월 10일

지은이 정은영
기획 차진현
발행인 김재홍
디자인 박상아, 이슬기
마케팅 이연실

발행처 도서출판 지식공감
등록번호 제396-2012-000018호
주소 경기도 고양시 일산동구 견달산로225번길 112
전화 02-3141-2700
팩스 02-322-3089
홈페이지 www.bookdaum.com

가격 16,000원
ISBN 979-11-5622-097-8 03300

CIP제어번호 CIP2015015647
이 도서의 국립중앙도서관 출판시 도서목록(CIP)은 e-CIP 홈페이지(http://www.nl.go.kr/ecip)에서 이용하실 수 있습니다.